JN431084

실크로드 신체문화교류사 6

전통무예, 무용, 유희

총서 6

카자흐스탄

한국외국어대학교
한국글로벌스포츠건강문화센터

이 논문 또는 저서는 2017년 대한민국 교육부와 한국연구재단의 지원을 받아 수행된 연구임
(NRF-2017S1A5B4055939)

박영사

발간사

이 연구가 주제로 선정한 실크로드의 아시아 7개국이란 한국을 비롯해 바다 건너 일본과 중국, 몽골, 카자흐스탄, 우즈베키스탄, 이란을 가리킨다. 실제로 실크로드 상에는 수많은 나라가 존재해 왔는데, 왜 하필 이 7개국이냐고 질문한다면 아직은 정확한 학술적 근거를 제시하기 어려운 것이 사실이지만, 다음과 같은 관점에서 7개국의 문화교류사에 접근할 수 있을 것이다. 지구상 동서의 문명교류라는 관점에서 실크로드가 역사적으로 인류의 문화발전에 큰 역할을 했다는 점이 많은 연구를 통해 밝혀졌기 때문이다.

실크로드라는 통칭하에서 초원로와 오아시스로, 해양로의 3대 간선을 포함한 서역 교역로는 인류가 형성해 온 문화, 즉 종교와 철학, 사상, 풍습 등에서 매우 다양한 성질을 지니고 있었지만, 이 교역로를 개척하고 이용한 사람들은 서로 간의 교류를 통해 여러 다원성을 극복하는 수단으로 삼아 인류 역사의 큰 줄기를 형성해 왔다. 이러한 교류적 관점에서 카자흐스탄은 매우 중요한 지리적 요충지 역할을 담당하여 왔다.

인간은 탄생과 더불어 생존을 위해 채집과 생산, 어업과 수렵 활동을 병행하며 살아왔다. 인간의 생존과 생산활동에 필요한 걷고 달리고 뛰어오르고 던지고 기어오르거나 서로 치고받는 행위 등은 일상생활 속에서 신체 기능을 단련하는 수단으로 자리매김하였다. 나아가 이러한 행위들은 신을 위한 제례나 의례 속으로 수용되면서 다양한 볼거리의 하나인 무예와 무용, 그리고 재미를 추구하는 놀이로 구조화되고 문화화하여 현재에 이르고 있다.

이 연구서는 카자흐스탄 사회에서 인류 탄생과 더불어 지속되었던 서민들의 투쟁기술, 또는 생활상을 적나라하게 보여주는 신체문화로서 계승, 발전되어 온 카자흐의 전통무예와 무용, 그리고 유희에 관해 연구하고 정리하였다. 다행하게도 본 연구소는 기초학문을 육성하는 토대연구사업의 인문사회분야 지원사업에 선정되어 5년간(2017–2022) 실크로드를 통한 아시아 7개국의 전통무예, 무용, 그리고 유희로 나누어 신체문화와 관련된 문화사적 연구를 진행하게 되었다. 이 연구를 진행함에 있어서 전체를 아우르는 1권과 각 국가의 전통신체문화 7권, 그리고 이 7개국의 신체문화를 총망라한 교류사 부분 1권으로 구성하여 단행본으로 출판하게 되었는데, 그중에 여섯 번째로 카자흐스탄의 전통신체문화를 밀도 있게 다루어 집대성한 연구물로 출판하게 되었다.

이 책의 가장 중요한 의의를 꼽는다면, '신체활동을 매개체로 한 주변 민족과의 문화교류 현상'을 밝히는 것이다. 교류에는 개인 간의 교류에서부터 지역 및 민족 간의 교류, 대륙 간의 교류 등 다양한 수준의 교류가 있으며, 지금은 우주를 왕래하는 시대를 맞이하여 위성 간의 교류도 상정할 수 있다. 그러므로 이 연구에서는 사회를 구성하는 각 개인의 신체를 매개체로 한 전통무예와 무용, 그리고 유희 종목으로 나누어 국가(민족)별로 그것들의 역사적 탄생 및 변용과 발전과정 등의 민족적 다양성과 연계성을 조사하여 분석함으로써 인간의 신체활동과 관련된 문화적 지식의 폭을 넓히고 확장하여 전통무예, 전통무용, 전통놀이의 문화교류사를 재현할 수 있다고 판단하였던 것이다.

이 책은 일반 대중을 위해 평이한 수준으로 쉽게 기술하고자 하였고, 다양한 사진과 그림 자료를 첨부하려고 노력하였으나 저작권에 문제가 발생할 수 있기에 그림이나 사진 자료들을 더 많이 분석하고 해석한 내용을 제시하지 못한 아쉬움이 크다. 또 연구 도중에 세계적으로 유행한 코로나19의 여파로 각 지역을 방문해 다양한 자료를 수집하는 데 어려움을 겪었으나 그러한 역경을 이겨 내고 연구자들 나름의 결과물을 제시하게 된 것을 다행이라고 생각한다. 따라서 이 책이 향후 인류의 실크로드 교류를 통한 전통신체문화사의 발전과 카자흐스탄의 전통신체문화와의 관계사 등에 관한 논의의 지평을 더욱 확장하는 계기가 되는 데 기여하기를 바란다. 덧붙여서 이 책이 전통문화와 관련된 교육 자료로 다양하게 활용됨으로써 전통신체문화에 대한 후학들의 관심과 흥미를 불러일으키는 데 기여하기를 기대한다.

기초학문 발전을 위한 한국연구재단의 재정적 지원과 격려에 고마움을 전한다. 공동 연구와 집필에 참여한 각 연구자, 연구보조원, 그리고 출판을 위해 편집과 사진 작업 등을 맡아준 박영사를 비롯한 많은 분에게 고마움을 표한다.

2025년 8월

실크로드 아시아 7개국의 전통무예, 무용, 그리고 유희연구 연구책임자

한국외국어대학교 한국글로벌스포츠건강문화센터 소장 김태영

차례

제2부

전통무용

제3부

전통유희

프롤로그

1. 카자흐스탄이란?

BC 500년경 현재의 남부 카자흐스탄에 사카(Saka)부족[1]이 알타이산맥과 우크라이나에 이르는 방대한 스텝지역에 거주하여 스키타이 문화의 일부를 이루었다. 카자흐스탄 내에서 발굴되는 유물들로 미루어 BC 1,500－1,000년경 현재의 카자흐스탄에 청동기 초기 문화가 존재했던 것으로 확인되었고, BC 200년경에는 중국 북부로부터 훈족(Huns)이 현재의 동부 카자흐스탄을 장악한 바 있었으나 훈족이 서유럽으로의 진출을 서두르면서 서기 550－750년에 걸쳐 몽골과 중국 북부로부터 투르크(Turkic)족이 현재의 카자흐스탄 동남부 및 그 인접지역으로 유입되었다.

실질적으로 카자흐 민족의 다수는 카자흐스탄공화국(수도 누르술탄)에 600만 명, 구소련연방의 다른 공화국에 100만 명이 거주하고 있으며, 중국과 몽골, 아프가니스탄에도 거주하고 있다.[2] 1860년대에 러시아제국에 통합되어 식민지화되기까지 그들은 유라시아대륙의 중앙부에 펼쳐진 광활한 스텝지역에서 유목생활을

1) 사카부족은 스키타이로 불리기도 하며, 카자흐스탄 최고의 고고학적 발굴로 일컬어지고 있는 알마티 인근에서 발굴된 금 갑옷을 입은 전사인 "황금인간(Altyn Adam, The Golden Man)"을 남긴 부족으로 현재 카자흐스탄의 국가 상징 가운데 하나이다.

2) 카자흐스탄에는 130개에 가까운 다민족이 살고 있는데 카자흐인이 절대 과반수가 넘는 60% 초반대를 차지하고 있으며, 러시아인이 27%이다. 제정러시아의 오랜 지배로 인해 카자흐인 가운데 상당수는 러시아 지향적인 정체성을 강하게 가지고 있는데, 특히 도시지역, 중부, 북부 지역 등에서 이러한 경향이 더 강하게 나타난다. 이외에도 우크라이나인, 우즈베크인, 독일인, 타타르인, 위구르인, 고려인등의 소수민족 공동체가 형성되어 있는 다민족 다문화 국가의 대표적인 사례라 할 수 있다.

하며 양, 염소, 말, 소 등을 사육해 왔다. 이후 러시아 이주민들의 영향으로 농업이 발달하였으며 19세기 후반, 점차 정착생활을 하게 되었다. 러시아혁명을 거쳐 사회주의체제가 확립됨에 따라 전통적인 생활양식에 변화가 발생하여 부계씨족제도가 붕괴되고 공업화, 농업화가 진전되면서 그들은 유목생활을 그만두었다. 종교는 16세기에 이슬람교를 수용했으나, 카자흐인들의 삶속에 존재했던 샤머니즘이나 조령(祖靈)신앙은 쇠퇴하지 않았다.[3)]

전통적으로 카자흐민족 및 키르기스민족을 중심으로 하는 중앙아시아 유목지대 공동체들에서는 정주문명지대보다 이슬람의 교리 확산이 늦게 일어났고, 또 유목공동체가 가지고 있는 공동체 생활의 특성으로 인해 가족공동체에서 가사를 책임져야 하는 여성들의 역할과 분담이 정주공동체의 여성보다 더 크고 많았다. 이로 인해 공동체내에서 여성과 남성간의 관계는 정주지대보다는 월등히 평등하고 수평적인 특성이 전통시기부터 분명하게 형성되어 있었다. 따라서 이미 유목지대의 전통설화들에는 공동체를 이끌어가는 여성 지도자에 대한 내용들이 빈번하게 다루어지고 있는 것도 이러한 유목공동체의 특성을 반영하고 있는 부분이다.

구소련체제하에서 카자흐스탄은 러시아의 공업지대와 연계된 자원개발 및 가공산업 중심이었고, 이러한 영역에는 남성들이 고용되었다. 반면 사회 공동체 유지와 연관된 부분에서는 여성들이 그 역할을 수행하는 사회구조가 만들어졌다. 이로 인해 유목전통 시대에 주로 초원에서 유목활동을 전담했던 남성의 역할은 그 대상이 초원에서 자원개발 현장이나 가공공장으로 변모했고, 여성들은 여전히 사회공동체 유지와 관련된 분야로 역할이 구분되었다. 구소련체제 붕괴 이후 급진적인 경제체제 이행과정에서 경쟁력을 상실한 분야에서 급격한 구조조정이 일어나게 되면서 특히 남성이 종사하고 있는 분야에서의 구조조정이 더 급격하고 광범위하게 진행됨에 따라 격변기를 경험했던 사회 공동체 및 가족 공동체에서 가족공동체 보존과 유지 측면에서 여성의 지위와 역할을 더 중시되었다.

구소련체제를 거치면서 여성의 사회적인 역할과 비중이 확대된 상황에서 독립이후 체제이행기를 거치면서 카자흐스탄 공동체에서 여성의 역할과 비중은 더

---

3) 주 카자흐스탄 대한민국대사관, http://overseas.mofa.go.kr(2018.02.02.검색).

욱 확대되고 있으며, 도시화, 산업화로 도시에 거주하는 카자흐인들의 가족단위는 과거와 지방에 비해 소규모, 서구화되었다.[4] 2015년 카자흐스탄 도시화의 비율을 53%에 달한다.[5]

현재 카자흐스탄의 공식 언어는 카자흐어와 러시아어이다. 독립 이후부터 카자흐어 사용을 촉진시키기 위해 정부나 관공서 등의 문서에서는 러시아어와 함께 카자흐어가 사용되고 있지만, 다양한 민족들이 존재하는 일상생활에서는 러시아어 사용 비중이 월등히 높다. 정식 국교는 채택되지 않았으나, 이슬람교와 러시아 정교가 거의 대부분을 차지한다. 독립 초기만 해도 카자흐스탄 내에는 카자흐인 비율보다 러시아인을 비롯한 비카자흐계 인구비중이 훨씬 높았다. 이는 18세기 말 이후 경제적인 이유 및 제정러시아 식민지 정책의 일환으로 러시아인들의 이주가 지속되었고, 소련체제에 들어와서 다양한 지역기반의 소수민족들이 카자흐스탄으로 이주되어 유목전통 기반 공동체의 정주기반 공동체로의 인위적인 전환이 시도되었기 때문이다. 이러한 배경으로 인해 1980년대에는 러시아인의 인구수가 카자흐스탄 인구에서 1위를 차지할 정도였다.

이에 독립 직후부터 카자흐스탄 정부는 국가 구성원 가운데 카자흐인의 비중을 높이기 위해 몽골 서부를 비롯한 인접지역에 거주했던 재외 카자흐인들을 대거 카자흐스탄 내로 이주시키는 '오랄만' 정책을 펼쳐 왔다.[6] 독립직후 일시적으로 강하게 일어났던 자민족중심주의 경향으로 인해 상당수의 유럽계 및 슬라브계 소수민족 집단 가운데 상당수가 역사적인 모국이나 러시아 등으로 이주하게 되면서, 자연스레 카자흐스탄 인구에서 카자흐 민족이 차지하는 비율은 2019년 현재 60%대 중반까지 회복되고 있다.

카자흐 민족은 제정러시아 지배시기부터 계산하면 이미 250여 년 이상 러시아문화에 노출되었고, 러시아인과 공존의 삶 형태를 살아온 배경을 가지고 있다. 특히 도시지역을 중심으로 카자흐인 집단의 러시아문화 수용 및 러시아 문화 지

---

4) 박상남, 《현대중앙아시아》. (한신대학교출판부, 2010). 66－67쪽.

5) KOSIS국가통계포털: http://kosis.kr/statHtml/statHtml.do?orgId＝101&tblId＝DT_2KAA204 (2018.02.17.검색).

6) 박상남, 앞의 책, 69－70쪽.

향성이 매우 강하게 나타나는 중앙아시아 국가이다. 소련시기에 러시아어를 모국어로 하지 않는 민족들을 대상으로 실시된 러시아어 구사력에 대한 조사에서 가장 러시아어를 잘 구사하는 집단은 바로 카자흐 민족이었다. 이러한 현상은 역설적으로 제정러시아 체제 편입이후 소련시기까지 식민지 피지배민족인이었던 카자흐인 공동체가 식민지 지배 언어와 문화라 할 수 있는 러시아어와 러시아문화를 수용했던 기간이 200여 년이 훨씬 넘고 있다. 또한 유목민이었던 카자흐인이 최초로 접촉하고 수용한 정주문명 및 문화요소가 러시아의 그것이었다는 점에서 오늘날 중앙아시아 국가들과 러시아와의 관계에서 유난히 카자흐스탄이 더 러시아 지향적인 입장을 보이는 주요한 배경이라 할 수 있다.

2. 중앙유라시아 전통문화의 다원성

중앙유라시아에는 기원전부터 이 일대의 자연 환경에 맞춰 살아온 유목민들의 전통과 토착 신앙, 투르크－이슬람화, 여기에 유라시아 한복판에 위치해 있어 다양한 민족이 끊임없이 이동하고 흔적을 남기면서 이러한 요소들이 혼재되어 전통문화의 틀 속에서 굳건히 자리하고 있다. 중앙아시아 사회에서 전통문화는 앞서 살펴본 것과 같이 정주문명 전통과 유목문명 전통이라는 두 가지 주요한 흐름을 바탕으로 형성 및 변화되어 오고 있으며, 중앙아시아의 발전에 따른 전통공동체의 물리적인 구조가 무너진 현대 중앙아시아인의 삶과 생활 곳곳에 긴밀하게 결부되어 이어지고 있다. 이러한 과정에서 중앙아시아에 유입되어 토착공동체의 종교가 된 이슬람은 유입시기와 공동체의 형태, 확산과정의 측면에서 정주공동체와 긴밀하게 연관되어 뿌리내리고 있으며, 유목공동체 지역으로의 이슬람 유입과 확산, 그리고 일상생활과의 연계는 정주공동체에 비해 훨씬 늦은 시기에 느슨한 형태로 이루어짐으로 인해 이슬람이 유목공동체 시기의 전통문화 요소와 결부되어 있는 특징을 가지고 있다.

3. 유목전통 공동체의 문화기반과 민속문화

중앙아시아 북부 및 중부의 초원 지대는 예로부터 유목민들이 주역인 세계였다. 유목이란 계절에 따라 방목지를 바꾸는 이동성 목축으로, 중앙아시아에서는 기원전 9세기경에 이미 승마가 일반적으로 보급되어 유목을 전업으로 하는 집단이 등장했다고 알려져 있다.

유목민은 산과 양, 소, 말, 낙타 등 무리를 짓는 습성을 가진 가축과 함께 여름 방목지에서 겨울 거주지 사이를 정기적으로 이동한다. 따라서 이들은 몇 가족씩 무리를 지어 협력하며 집단생활을 영위한다. 생활은 전적으로 가축에 의존하고, 가축이 주는 고기와 유제품 등이 주요 식품이다.

유목민들에게 가축을 관리하고 통제하는 기술 가운데 특히나 가축을 타는 기술은 가장 중요하게 여겨진다. 따라서 재갈 등의 마구가 발명됐고 말을 쉽게 통제하게 되면서 유목민들은 활로 무장하고, 달리는 말 위에서 활 쏘는 기술을 습득해 훗날 강력한 기마 군단을 형성하기에 이르렀다. 오늘날에도 중앙아시아에는 이러한 유목민들의 전통을 유지하는 공동체들이 있는데, 이들에 의해 가축, 특히 말과 관련된 다양한 놀이와 무예가 발달해 왔음을 알 수 있다.

중앙아시아의 대표적인 명절인 봄맞이 축제는 정주문명권에서는 나브루즈, 유목문명권에서는 나우르즈로 불리는데, 유목문명권에서는 역시 유목전통문화와 연관된 형태의 문화요소들이 이슬람과 연계성을 가지면서도 유목 특성을 더 강하게 드러내는 특징이 나타난다. 원래 이 봄맞이 축제는 조로아스터교에서 나온 것으로 종교적 색채와 의미는 퇴색되고 그대로 유목문화에 스며들어 새로운 해의 도래와 가축을 새로운 목초지로 떠날 시기가 왔음을 알리는 절기로 자리 잡았다. 즉, 봄날이 찾아오고, 새싹이 싹 터 유목민들이 가축에게 먹일 풀이 돋아나는 시기의 나우르즈는 새로운 해의 본격적인 유목이 시작됨을 의미했기 때문에 유목민에게 새해로 기념되고 있는 것이다.

중앙아시아 유목전통지대에서는 각자의 공동체들을 문화적으로 결속시키고 번영을 기리는 가장 중요하고 성대한 행사로 나우르즈가 행해지고 있는데, 이때는 공동체 구성원들 모두가 함께 모여 전통씨름인 쿠라쉬, 다양한 종류와 형태의 말을 이용한 경기와 놀이로 구성되는 전통놀이와 무예를 즐기며, 나우르즈 코제로 불리는 일곱 가지 곡물로 만들어진 전통음료, 유목공동체의 전통민족 음식을 준비하여 즐기며 새로운 한해의 풍요를 기원한다.

아울러 유목공동체 지역에서는 주요 관혼상제 및 통과의례에서도 오늘날까지 전통 유목민 시기의 문화요소들이 그대로 보존되고 있는데, 장례 추모 모임에서 고인을 기리기 위해 열리는 다양한 종류의 말타기 경주, 민속 씨름인 쿠라쉬, 마상경주, 긴 막대기 싸움, 줄타기 등의 경기가 열린다. 이러한 전통문화 기반의 통과의례에서도 유목민 공동체 전통문화가 많이 보존되어 있는데, 특히 말과 관련된 종목들이 많은 것이 특징이다.7)

중앙아시아 유목전통권의 유산은 대부분이 카자흐스탄의 전통공동체를 통해 계승되고 있으며, 가장 인접한 키르기스 민족의 전통문화와는 유목적인 요소에서 많은 공통성을 가지고 있다. 유목전통문화 원형 보존 측면에서는 일부 연구자들(특히 중국)은 중국 서북부의 카자흐스탄과의 중국쪽 접경지대에 형성되어 있는 카자흐민족 공동체들이 제정러시아 지배 이전의 카자흐 전통문화 원형을 더 잘 보존하고 있다고 주장하기도 한다. 이러한 맥락에서 카자흐 민족의 말과 관련된 전통공예 요소 일부는 세계문화유산으로 등재가 되기도 했는데, 카자흐스탄의 전통문화 요소가 아니라 중국내 소수민족 카자흐족의 전통문화 요소로 중국의 주도하에 등재되기도 했다.

또한 유목공동체 가운데 카자흐보다 더 동쪽에 위치한 키르기스 민족의 전통문화에서는 문화요소 측면에서 투르크 유목부족과 몽골 유목부족 문명의 요소, 그리고 중국 한족문화 요소들이 일정 부분 발견되고 있다. 카자흐보다 더 서쪽에 위치한 카라칼팍 민족은 앞에서 정주문명 전통지대의 호레즘 무용과 관련된 부분에서 언급한 것처럼 투르크 유목부족과 페르시아-이슬람 정주문명의 중간지대에 위치하고 있어서 정주문명 요소로서 페르시아 전통문명의 요소들이 일부 나타난다. 카라칼팍 민족과 인접하면서도 더 서남쪽에 위치하여 과거 페르시아제국의

---

7) Makhmudova M. F., Solodnikova L. G., 〈Specification of national traditions in culture of Uzbekistan〉, 《영남대학교 민족문화연구소 학술대회》. 2006(10)(영남대학교 민족문화연구소, 2006).

일부분이기도 했고, 제정러시아 지배기에는 페르시아와의 국경지대이기도 했던 투르크멘 민족에서는 페르시아제국 전통문명의 요소와 영향이 카라칼팍보다 더 두드러지게 나타난다.

유목전통지대에도 과거 공동체 시절부터 형성되어 계승되고 있는 다양한 형태의 전통무예, 무용, 유희들이 존재하고 있다. 이러한 전통무예와 무용 그리고 유희를 통해 개별 유목 공동체들은 건강하고, 강인하며, 용감하고, 지혜로우며, 규칙을 준수하고, 지략을 가진, 활력 있고 인간적인 품성을 가진 후손들이 이어지도록 하고 있다.

유목전통 공동체 가운데 가장 수적으로 대규모였던 투르크-몽골계 혼혈 부족인 카자흐민족의 전통놀이에서는 말과 관련된 놀이들이 많이 있고, 언어적으로도 말과 관련된 용어들이 매우 세분화되어 있는 특징을 보여준다. 이것으로 보면 카자흐민족의 대중적인 전통스포츠는 바로 공동체와 개인의 생활에 매우 긴밀하게 연관되어 있었던 말을 다루는 기술을 중심으로 발전해왔다는 것을 추측해 볼 수 있다.

특히 카자흐 민족의 말은 강력한 힘과 빠르기를 자랑한다. 또한 과거에는 말을 다루는 능력이 젊은 청년들에게 아내를 선택하게 할 만큼 중요한 능력이었다. 또한 유목부족의 특징으로 인해 공동체 놀이와 역할 측면에서 보면 여성의 역할이 정주문명 전통지대보다 훨씬 더 확대되어 있었고, 공동체내의 다양한 수준의 의사결정 과정에서도 여성의 영향력은 정주문명지대보다 월등히 강했던 특징을 가지고 있으며, 이러한 부분이 전통놀이에서도 일부 나타나고 있다.

봄과 가을 사이에 벌어졌던 카자흐의 전통 축제들의 특징은 말에 타서, 그 말을 다루는 기술을 겨루는 것이다. 카자흐인을 자부하는 사람이라면 누구나 말을 사랑한다고 할 수 있으며 그들에게 있어 '말(馬)'이란 가족과도 같은 의미를 내포하고 있다.[8)]

8) 김일수, 앞의 책, 244-245쪽.

제1부

전통무예

아우다리스팍(Audaryspak, 마상 레슬링 또는 힘겨루기)

아우다리스팍은 이 지역의 전통적인 개인 마상격투 종목이다. 이 종목의 룰은 간단하다. 두 명의 개인이 말을 탄 채 힘겨루기를 하여 먼저 상대방을 말에서 떨어지게 하는 사람이 승리하는 종목이다. 매우 건강하며 말을 잘타는 성인 남성을 위한 게임으로, 전통 유목공동체 시기에는 승자가 마을이나 씨족(집단)을 대표하기도 하였다.[1)]

전통 유목공동체 시기에 아우다리스팍의 개인별 경기역량이 유목공동체의 개인 대 단체경기의 형태로 일종의 가장 강한 유목공동체 지배자를 뽑는 형태의 단체경기로 발전된 것이 바로 쾩파르(지역에 따라 콕보루, 쿱카리 등의 명칭으로 불린다)이다. 이는 놀이이기도 했으며 평상시 유목민 공동체의 훈련 성격을 지니기도 했는데, 쾩파르는 전통놀이 부분에서 더 상세히 다룰 것이다.

아우다리스팍은 말과 개인의 전투 역량이 매우 중시되었던 제정러시아 지배 이전의 중앙아시아 유목전통지대 초원에서 본격적으로 형성 및 확대되기 시작했다. 이로 인해 아우다리스팍과 유사한 형태의 마상 겨루기는 유라시아 대륙에서 과거 유목공동체의 중심영역에 해당되는 오늘날의 헝가리, 유럽러시아, 아프가니스탄, 몽골, 아제르바이잔, 중국 등으로 퍼져 나가 성행하고 있고 2016년 6월 15일에는 카자흐스탄의 수도 아스타나에서 국제선수권 대회가 개최되기도 했다.[2)]

1) 카자흐스탄 대사관, https://www.kazakhembus.com (2018.06.21.검색).

2) Paul Bartlett, 〈Wrestlers Horsing Around in Kazakhstan〉. (eurasiannet, Jun 17, 2014), https://eurasianet.org (2018.06.20.검색).

쿠레시(Kuresi)

1. 카자흐인에게 쿠레시란?

중앙유라시아에는 기원전부터 이 일대의 자연 환경에 맞춰 살아온 유목민들의 전통과 토착 신앙, 투르크-이슬람화, 여기에 유라시아 한복판에 위치해 있어 다양한 민족이 끊임없이 이동하고 흔적을 남기면서 다양한 요소들이 혼재되어 전통문화의 틀 속에서 굳건히 자리하고 있다.

중앙유라시아 국가 중 카자흐스탄 민족의 역사는 여러 문명이 교차하는 영토에서 유목 생활에 기인했다는 점과 기록이 부재하여 매우 복잡하며, 주로 제정러시아의 관찰로부터 기록되었다. 이러한 한계에도 불구하고 카자흐스탄의 주요한 역사만을 크게 나누어보면, 기원전 500년 전 사카(Saka) 부족이 오늘날 카자흐스탄 영토로 유입된 고대 시기와 13~15세기 칸(Khan) 국의 형성과 카자흐 부족 국가의 형성, 18세기 이후 제정러시아 통치 시기 그리고 소비에트 통치시기로 분류하며 이후 현대사로 분류하고 있다. BC 500년경 사카(Saka)부족은 현재의 카자흐스탄 남부지역의 알타이 산맥과 우크라이나에 이르는 방대한 초원 지대에 거주하면서 스키타이 문화의 일부를 이루었다. 이는 1969년 카자흐스탄의 알마티(Almaty) 인근에서 사카 부족의 무덤 양식 중 하나인 쿠르간(Kurgan)이 발견되었고, '알튼 아담(Altyn Adam)'이라고 불리는 이른바 '황금 인간(The Golden Man)'이 출토되면서 그 사실을 확인할 수 있었다.

중앙유라시아 사회에서 전통문화는 정주문명 전통과 유목문명 전통이라는 두 가지 주요한 흐름을 바탕으로 형성 및 변화되어 왔으며, 중앙유라시아의 발전에 따른 이른바 전통공동체의 물리적인 구조가 무너진 현대 중앙아시아인의 삶과 생활 곳곳에 긴밀하게 결부되어 이어지고 있다. 이러한 과정에서 중앙유라시아에 유입되어 이른바 토착공동체의 종교가 된 이슬람은 유입시기와 공동체의 형태, 확산과정의 측면에서 정주공동체와 긴밀하게 연관되어 뿌리내리고 있으며, 유목공동체 지역으로의 이슬람 유입과 확산, 그리고 일상생활과의 연계는 정주공동체에 비해 훨씬 늦은 시기에 느슨한 형태로 이루어짐으로 인해 이슬람이 유목공동체시기의 전통문화 요소와 결부되어 있는 특징을 보여 주고 있다.

중앙유라시아의 대표적인 명절인 봄맞이 축제는 정주문명권에서는 나브루즈, 유목문명권에서는 나우르즈로 불리는데, 유목문명권에서는 역시 유목전통문화와 연관된 형태의 문화요소들이 이슬람과 연계성을 가지면서도 유목 특성을 더 강하게 드러내는 특징을 보여 준다. 유목전통지대에서는 각자의 공동체들을 문화적으로 결속시키고 번영을 기리는 가장 중요하고 성대한 행사로 나우르즈가 행해지고 있는데, 이때는 공동체 구성원들 모두가 함께 모여 쿠레시, 다양한 종류와 형태의 말을 이용한 경기와 놀이로 구성되는 전통놀이와 무예를 즐기며 전통음료, 전통 민족 음식을 준비하여 즐기며, 새로운 한 해의 풍요를 기원한다.

카자흐스탄의 쿠레시(Kuresi)는 선수들이 서서 겨루다가 상대방의 어깨를 바닥에 닿게 만들면 이기는 레슬링 경기이다.[3)]

카자흐스탄 민족의 전통 레슬링인 쿠레시는 다른 민족들과 마찬가지로 고대로부터 계승, 발전하여 오늘날 교육, 운동 및 자기방어 수단을 위한 민족 스포츠가 되었다. 또한 쿠레시 경기는 남성뿐만 아니라 여성들 사이에서도 벌어졌다. 역사적으로 씨름의 기원은 생존을 위한 것이었지만 우리의 씨름처럼 명절과 같은 일상생활에서 쉽게 접할 수 있는 무예가 되었다. 이처럼 쿠레시는 결혼식, 수확 전, 파종 후, 목장으로 이동하기 전 등 각종 기념일, 축제, 명절 등에 남녀노소 모두가 즐기는 국민 스포츠라고 할 수 있다.

---

3) 유네스코와 유산, https://heritage.unesco.or.kr/(2023.05.22.검색).

2010년 세계쿠레시연맹(World Kazakh Kuresi Federation)은 국제레슬링연맹(United World Wrestling)에 가맹되어 국제수준의 연맹으로 인정받고 있다. 이를 계기로 카자흐스탄 쿠레시는 세계화에 한걸음 나아가게 되었고 사회적 결속과 건강증진에 일조하는 문화로 인정받아 2016년 유네스코 무형문화재로 등재되었다.

카자흐스탄에서 점차 쿠레시는 관심이 높아짐에 따라 카자흐스탄 공화국 문화·정보부 정보·기록원위원회의 사회적 중요 유형의 문헌 출판 프로그램의 일환으로 2012년 교재가 출판되었고, 카자흐스탄 교육부에서 슈콜라(초·중·고등 학교) 및 특수학교의 교과서로 채택하여 사용되고 있다.

2. 쿠레시는 어디서 왔는가?

레슬링과 같은 격투기의 기원은 고대 사람들의 신체적 능력 발달에서부터 찾아보아야 할 것이다. 고대 사람들의 신체 능력은 노동이나 사냥과 같은 생존을 위한 투쟁으로부터 발전, 향상되었다. 이들은 돌, 창, 활, 화살 등 무기를 사용해 사냥을 하고 맹수로부터 자신들을 보호할 뿐만 아니라 타 종족의 침략을 방어하거나 약탈을 위한 공격 도구로 강인한 체력을 필요로 했다.[4] 다양한 이유로 원시 공동체 사회에서 전투는 매우 흔한 것이었다. 그러므로 생존을 위해 자연스럽게 신체 능력이 일정부분 발달하였고, 이러한 이유로 세계 어느 지역이든 고대사회에서는 생존을 위한 근력 발달 운동과 기술 및 전투행위를 놀이화한 민속무용 등이 발생했다고 추측할 수 있다. 카자흐스탄 쿠레시 역시 동일한 이유와 목적으로 발달한 운동이다.

카자흐스탄 영토에서도 지금의 카자흐 민족이 이곳에 정착하기 오래 전부터 쿠레시가 자리 잡기 시작했다. 기원전 9세기 무렵부터 지금의 중앙아시아 지역, 카자흐스탄의 대초원과 산기슭에는 사카(Saka), 마사게타이(Massagetae), 이세도네스(Issedones) 등 반농반목(半農半牧) 생활을 영위했던 수많은 종족이 있었다. 기원전 7-4세기에 현재 카자흐스탄 영토의 사람들 중 많은 비중을 차지했던 사카족

4) 박종진·옥광, <레슬링의 기원과 세계화 과정>, 《대한무도학회지》. 11(2). (대한무도학회, 2009), 33쪽.

의 남성들은 쿠레시에서 이겨야만 결혼을 할 수 있다는 특별한 풍속을 가지고 있었다. 종족 생존의 절박함에 적자생존의 법칙이 적용된 것이다. 또 마사게타이가 아케메네스 왕조의 키루스 2세의 원정군을 격파할 당시 맨손으로 싸워 승리를 쟁취했다고 전해질 만큼 쿠레시가 그들에게 생활화된 주요 격투술이었다. 이후 중세 시대 대상(Caravan) 경로의 교차로에 위치했던 가장 큰 무역 도시 중 하나인 타라즈(Taraz)에서도 양궁과 쿠레시 등 다양한 대회가 열렸다는 사료가 존재하는데, 카자흐스탄 쿠레시 연구자들은 이 시대에도 씨름 기술을 전수하는 교육기관이 존재했을 것으로 추측하고 있다.[5)]

또한 카자흐스탄의 전통축제인 나브루즈는 한해의 시작을 알리는 신호탄으로 봄의 잔치이기도 하다. 여러 날에 걸쳐 진행되는 나브루즈는 노래, 춤, 음식 만들기, 민속쿠레시(Kuresi), 음유시인 바흐쉬(Baxsh)의 영웅 서사시 낭송으로 대표된다.[6)]

문헌에서 카자흐스탄 쿠레시가 역사에 등장하기 시작한 것은 17세기 말－18세기 초 카자흐족이 동쪽의 알타이에서 서쪽의 우랄까지, 북쪽의 토볼(Tobol)과 이르티시(Irtysh) 강 유역에서 남쪽의 타슈켄트(Tashkent)까지 넓은 영토에 정착한 이후이다. 과거 카자흐족은 유목 생활로 만들어진 육체적 훈련과 전투 기술을 가지고 있었다고 전해진다. 이러한 이유로 카자흐족에서는 많은 영웅이 탄생했다. 카자흐민족 역사가들은 카라사이(Karasai), 카반바이(Kabanbai), 보겐바이(Bogenbai), 라임벡(Raiymbek), 나우르즈바이(Nauryzbai), 아불하이르(Abulkhair), 톨레 비(Tole bi), 카즈벡 비(Kazybek bi), 아이테케 비(Aiteke bi), 케네사리(Kenesary), 마함벳(Makhambet), 샥샥－자니벡(Shakshak－Zhanybek), 말라이사리(Malaysary), 올자바이(Olzhabai) 등등 지금까지도 회자되는 인물들 중에서 특히 아빌만수르－사발락(Abilmansur－Sabalak)이라는 인물의 명성은 대단했다고 평가한다. 중가르(Dzungars)와의 전쟁 이후 "아블라이 바트르(Abylai batyr, 영웅)라고 불리었던 사빌

5) Матущак П. Ф., Мухиддинов Е. М. 《Казакша курес》. (Алматы: Мектеп, 2012). 8쪽.
6) Джаббаров И.М, 《YЗБЕКИ: Этнокультурные традиции, быт и образ жизни》. (Ташкент Главная Редакция издательск о-полиграфическойакционернойкомпании "ШАРК", 2007). 194쪽.

락은 검, 창과 같은 무기들을 능숙하게 사용했을 뿐만 아니라 "카자흐 쿠레시"를 비롯한 격투기 기술들을 완벽하게 구사했다고 한다.[7]

중앙아시아의 끝없는 초원에서 유목민으로 살아가는 이 지역 사람들은 신체 활동과 고도화된 전투 기술을 포함한 이웃 부족의 전통과 의식을 받아들이거나 발전시켰다. 카자흐족의 전통 레슬링에 여러 종류가 있었다는 사실은 동화, 전설, 역사 및 소설, 고고학적 발견 등 풍부한 자료를 통해 증명된다. 마르코 폴로는 중앙아시아 여행기에서 무사의 전투 준비 전략으로 무예에 대해 언급했다.

훈련이나 시합 중에 벨트가 사용된다는 점도 분명히 했다. 게다가 어린이 레슬링의 경우 소녀들도 아무런 차별 없이 소년들과 맞서 싸웠는데, 이는 전투에 필요한 기술 향상의 중요성을 강조하는 대목이다. 벨트 레슬링과 관련된 또 다른 증거는 15세기 초 중앙아시아의 광활한 초원 지대를 방문하여 쿠레시 경기를 목격한 여행자 레이 클라브디초(Rey Klavdicho)의 기록에서도 발견된다. 이처럼 쿠레시 등 카자흐스탄 국가 스포츠를 언급한 역사적 기록이 많이 남아 있다. 카자흐스탄 사람들은 지금도 전투 기술에 대한 기억을 가슴속에 간직하며 자부심을 느낀다. 팔루안 팔루안(paluan, 레슬러)에 대한 다양한 글귀가 남아 있다는 것은 사람들이 무예를 중요한 유산으로 여긴다는 의미라고 할 수 있다.[8]

과거 쿠레시 경기는 공동체 내 모든 사람이 즐기는 큰 행사였다. 쿠레시를 즐기는 관중들은 화려한 전통 의상을 입고 원으로 둘러앉아 경기장의 터를 만들었고, 용감한 여성들은 남성들을 상대로 경기에 참여하기도 했다. 보통 경기는 가장 어린 아이들이 먼저 시작했다. 마지막 경기는 지난번 우승자가 도전자를 받아 피날레를 장식했다. 이 때 지난 우승자에게 도전하는 선수가 나타날 경우에만 이 경기가 성사되는데, 만약 도전자가 나타나지 않을 경우 1－2시간 가량을 기다린 후 자동으로 다시 우승자가 되었다. 하지만 보통은 자신감이 넘치는 한 명 정도의 선수는 나타났다고 한다. 우승자 상금으로는 그 당시에 매우 가치 있던 경주마와

---

7) Матущак П. Ф., Мухиддинов Е. М. 《Казакша курес》. (Алматы: Мектеп, 2012). 9쪽.

8) 유네스코아태무형유산센터 · 유네스코국제무예센터. 《인류무형문화유산 세계의 전통무예를 만나다》, (도서출판 학고재, 2020). 75－86쪽

소, 또는 수십 마리의 양을 수여했다.

경기가 진행되는 동안 판정이 애매할 경우 공동체 내 가장 웃어른인 악사칼(Aksakal)이 승패를 판정했다. 악사칼은 공동체에서의 대소사를 돌보고 분쟁을 조정하기도 하는데 쿠레시 경기에서도 그 역할을 수행했다. 지금도 카자흐스탄의 지방 지역에서는 이러한 전통을 유지하고 있다. 이상과 같이 카자흐스탄 쿠레시는 유라시아대륙에 광범위하게 퍼져있던 레슬링을 습득한 카자흐족이 15세기 이후 지금의 카자흐스탄 영토에 정착한 이후 기존의 토착민의 레슬링과 함께 전해져 내려왔다고 할 수 있다.

3. 쿠레시의 기술적 특성

카자흐스탄 쿠레시의 특징

수세기 동안 카자흐스탄 쿠레시는 카자흐스탄 민족들에게 심신을 단련할 수 있는 가장 중요한 교육 수단이었다. 더하여 카자흐스탄 대초원에서 위대한 장군을 양성하는 가장 중요한 수단이었다.

고대로부터 많은 민족들이 그들의 고유한 명절이나 의미 있는 날에 힘겨루기를 즐길만큼 쿠레시라는 존재는 없어서는 안 될 중요한 문화의 한 부분이었다. ‘차판(chapan)’ 혹은 ‘샤판(shapan)’이라 부르는 벨트가 달린 특수 재킷은 카자흐스탄 쿠레시 선수들이 사용하는 도구로 현대 레슬링 선수들도 여전히 이 재킷을 착용한다. 현행 카자흐스탄 쿠레시 규정에서는 벨트나 상체 잡기를 모두 허용한다. 화려한 던지기 기술을 선보이기 위해 레그 트랩과 훅에 관련된 다양한 기법을 많이 쓴다. 모든 카자흐스탄 쿠레시 경기는 기립 자세에서 상대를 던져서 등이 바닥에 닿게 하는 것을 목적으로 하며, 경기장에서는 어떠한 행동도 허용된다. 다수의 연구자에 따르면, 이 경기에서 승리하기 위해서는 뛰어난 신체 능력과 숙련된 기술, 노련함이 모두 필요하다.[9]

---

9) 유네스코아태무형유산센터 · 유네스코국제무예센터. 위의 책. 75－86쪽

각각의 국가 혹은 민족의 레슬링은 역사에 따라 다양한 스타일과 경기 방식으로 발전하였다. 카자흐스탄 쿠레시 역시 삼보, 유도, 자유형 및 그레코로만 레슬링이 전파되면서 경기 방식에 변화가 일어났다. 오늘날 레슬링과 매우 유사하지만 판정(한판승제, 점수제), 준비 자세, 기술, 경기 시간, 복장 등에서 차이를 보인다.

N. M. 갈코브스키(N. M. Galkovsky), A. Z. 카투핀(A. Z. Katupin), N. G. 치노프(N. G. Chionov)는 여러 종류의 레슬링을 경기 준비 자세와 기술을 기준으로 6가지 그룹으로 분류하였다.[10)]

쿠레시는 스탠딩 자세로 경기를 시작한다. 허리를 잡거나 허리 위 상의를 잡으면서 발차기, 스윕, 둘러감기 등 기술을 사용할 수 있다. 경기 중에는 잡는 자세를 변경할 수 있다. 경기 방식을 살펴보면 각각의 기술은 1점, 상대 선수의 어깨 혹은 머리 뒤쪽이 바닥에 닿으면 한판승으로 인정한다. 선수 중 한 명이 정면으로 넘어질 경우(가슴 쪽) 기술 판정을 하고 다시 스탠딩 자세를 취하여 경기를 재개한다. 과거에는 경기가 시작되기 전에 선수들이 서로의 띠를 확실하게 잡아야 했다. 과거 쿠레시는 경기 시간에 제한을 두지 않았지만, 현재 경기 시간은 5분 내외로 제한하고 있다.

한편 북부 민족들은 그들만의 레슬링 종류가 있다. 칼미크, 하카스, 네네츠, 투비니안 등이 있다. 이 모든 유형은 서로 비슷하며 부랴트 전통 레슬링과 '합사가이'라는 야쿠트 레슬링이 유사하다. 예전에는 합사가이 선수들은 맨발로 상의를 입지 않고 경기했다. 아주 추운 야쿠트 날씨에 쿠레시 선수들은 상의를 입지 않은 상태로 때로는 눈과 얼음 위에서 경기를 하기도 했다. 보통은 모피 바지를 입고 모피 부츠를 착용했으나 현재는 선수들이 트리코를 입고 부츠를 착용하고 경기에 참여한다. '합사가이'에서는 몸의 모든 부분을 잡는 기술들이 가능하며 발차기, 스윕, 걸기, 다리를 손으로 잡는 기술도 허용한다. 경기는 중단 없이 10분 동안 진행한다. 옛날식 러시아 격투기에서는 허리를 잡거나 던지기, 다리를 사용하는 기술들이 금지 되었다. 상대를 이기기 위해 선수들은 특정 기술을 사용하여 싸웠다

10) Матущак П. Ф., Мухиддинов Е. М. 위의 책. 57–59쪽.

고 한다. 모든 씨름 유형과 마찬가지로 상대방의 등이 경기장 바닥에 닿게끔 하는 것을 주요 목표로 한다. 이것은 단순히 힘이나 기술의 우위로 상대를 제압하는 것뿐만 아니라 전투에서 상대를 굴종시키는 상징적 의미도 있는 것으로 보인다.[11)]

카자흐스탄 쿠레시 우표

4. 쿠레시의 다양한 기술

카자흐스탄 체육계는 문헌과 악사칼들의 의견을 수립해 카자흐스탄 쿠레시 기술을 총 11가지로 나누어 체계화하였다.[12)]

---

11) .Г. Мамиашвили, В.Э. Цандыков, Б.А. Подливаев, Н.А. Показов. Подготовлено и издано при финансовой поддержке ОСОО. 《Олимпийский комитет России» в рамках Программы содействия развитию массового спорта «Олимпийская стран а》. (Издательство: Федерация спортивной борьбы России, 2015). 24－58쪽.

12) Брусс Ника, Казахша курес - казахская борьба, широко известная издревле, Но вости Город Актау ЛАДА, 5－02－2013 // https://www.lada.kz/sportaktau/7805－kazahsha－Kuresi－kazahskaya－borba－shiroko－izvestnaya－izdrevle.html(검색일: 2022. 1. 16)

① 걸어 던지기(Шалып лақтыру)는 주요한 기술 중 하나이다. 전면, 후면 그리고 측면에서 한 발, 혹은 두 발로 다리로 걸어 상대를 넘기는 기술 종류의 일체를 말한다.

② 두드려 던지기(Қағып лақтыру)는 전면, 후면, 측면 그리고 내부 두드려(스윕) 던지기로 나뉜다.

③ 구부려 던지기(Иліп лақтыру)는 삼보 기술 용어로는 '다리 걸기' 라고 한다.

④ 던져 넘기기(Лақтыра жығу)는 이 기술은 상대방을 던질 때 발을 상대방의 앞이나 발의 뒷부분으로 넣어 던지는 기술이다.

⑤ 등에서 옮겨 던지기(Арқадан асырып лақтыру)는 삼보 용어로는 '등으로 던지기'라고 한다. 상대방으로부터 등을 돌린 후 던지는 방향으로 허리를 구부려 상대를 넘어뜨린다.

⑥ 구부려 던지기(Еңкейіп лақтыру)는 선수의 강한 힘을 바탕으로 하는 기술이다. 보통 상대방이 어깨로 허리를 잡으려 할 때 전신을 곧게 펴고 상대방을 마주 보며 들어 올린 뒤 몸을 앞으로 구부리며 무릎 아래로 상대를 내려 넘어뜨리는 기술이다.

⑦ 올려 던지기(Көтермелеп лақтыру)는 상대를 높이 들어 올려 카자흐스탄 쿠레시에서 역사가 깊은 기술로 상당히 위험한 기술이다.

⑧ 회전시켜 던지기(Айналдырып лақтыру)는 상대를 들어 올려 회전을 한 후 던지는 기술이다. 올려 던지기 기술과 연계가 가능하고, 이 기술 역시 카자흐스탄 쿠레시에서 오래된 기술이다. 많은 힘이 필요한 기술로 힘이 좋은 선수일 경우 상대 선수를 어깨 높이나 머리 높이까지 들어올린다. 이후 다양한 방식의 던지기 기술과 연계할 수 있다. 과거에는 이 기술을 연마한 선수들이 두려움의 대상이었으며, 몇몇 힘이 부족한 선수들은 이 기술로 인해 부상을 입기도 했다.

⑨ 재주넘어 굴려 던지기(Тоңқалана асып домалай лақтыру)는 상대를 측면으로 굴리듯 던져 넘어뜨리는 기술이다. 두 선수가 서로 허리를 잡았을 때 수행할 수 있다. 공격자가 던질 준비를 하고 한쪽으로 상대를 몰아, 손과 팔의 힘으로 상대를 던지는 기술이다.

⑩ 가슴으로 던지기(Кеудеден лақтыру)는 한국 씨름의 들배지기와 비슷한 기술로 삼보 용어로는 '가슴을 거쳐 던지기'라고 한다.

⑪ 휘감아 던지기(Орап лақтыру)는 상대방을 옆으로 돌리면서 넘기는 기술로 삼보의 여러 종류의 다리걸기 기술과 같다.

5. 쿠레시의 근대화는 어떻게 진행되었나?

과거 카자흐스탄 쿠레시는 체급 구분이 없었기 때문에 모든 대회가 "가장 강한 사람이 우승자"라는 슬로건 아래 조직되었다. 1930년대에 이르러 올림픽경기를 모방하여 체중과 연령으로 참가자를 구분하기 시작하였고 공화당 대회 프로그램에 포함되면서 전통적인 쿠레시의 형태가 변모하기 시작했다.[13]

카자흐스탄 쿠레시는 삼보, 그레코로만 레슬링, 유도 등 소위 국제대회에서 채택된 다른 유형의 레슬링과 결합하여 경기방식이 변화하고 있으며, 기술도 발전하고 있다. 대회에 따라 많게는 9개 체급까지 세분화하는 방식을 도입했다. 카자흐스탄 쿠레시는 1938년부터 지역 간 친선을 목적으로 큰 규모의 대회인 제1차 카자흐스탄 소비에트 사회주의 공화국 콜호즈(집단농장) 체육대회가 개최되기 시작했다. 이 당시 경기는 65kg 미만, 76kg 미만, 76kg 이상 3체급으로 나누어 진행되었다. 이후 1939년 세미팔라틴스크에서 열린 공화국 챔피언십에서는 체급을 라이트, 미들, 헤비 등 세 가지 체급으로 나누었다. 1940년 카자흐스탄 소비에트 사회주의 공화국 20주년 체육대회에서는 5개 체급으로, 1955년에는 8개 체급으로 세분화했다. 쿠레시의 경기 방식에 대한 논의는 20세기 중반에 활발하게 이루어졌는데 러시아의 삼보를 주축으로 다른 유형의 레슬링 규칙이 함께 고려되었다.

오늘날 카자흐스탄 쿠레시 발전 역사에서 큰 업적을 남긴 인물로는 하지무칸 무나잇파소프(Kazhymukan Munaitpasov, 1871–1948)가 있다. 하지무칸은 러시아 최고의 레슬링 선수, "챔피언 중의 챔피언"이라 불린 비이반 포두브니(Ivan Poddubny)와 어깨를 나란히 할 정도의 실력을 갖춘 선수였다. 아크몰라(Akmola)

---

13) Казахская борьба «Курес» http://xn—90aeea2bghkbmep4j.xn – – p1ai/wiki /index. php ?SECTION_ID = 11&ELEMENT_ID = 887

에서 태어난 하지무칸은 17세가 되기 전부터 아크몰라 지역에서 유명한 쿠레시 선수들을 제치고 이름을 알렸다. 이후 상트페테르부르크행 유학길을 택해 유명 레슬링 선수인 이반 블라디미로비치 레베데프(Ivan Vladimirovich Lebedev)의 레슬링 전문학교(초·중·고등)에 입학, 1903년부터 1904년까지 약 2년 동안 레슬링에 대한 전문 교육을 받았다. 전문 교육을 받은 하지무칸은 곧 국제 무대에서 활약하기 시작했다. 1905년 하얼빈에서 열린 국제대회의 주짓수 종목에서 전경기 연승을 거두며 금메달을 시작으로 54번의 국제 경기에 참여하여 48개의 메달을 획득한 유능한 선수였다.[14] 하지무칸은 쿠레시와 다른 유형의 레슬링이 결합되던 시기에 쿠레시를 기초로 하여 삼보, 주짓수, 레슬링 등의 선수로 맹활약했다. 이러한 성과는 카자흐스탄 민족에게 자긍심을 심어주었고, 나아가 대중들에게 카자흐스탄 고유문화를 알리는데 일조했다는 점에서 카자흐스탄 쿠레시 역사에 중요한 인물로 평가받고 있다.

하지무칸을 시작으로 작슬릭 우슈켐피로프(Zhaksylyk Ushkempirov), 다울렛 투릴하노프(Daulet Turlykhanov), 샤밀 세리코프(Shamil Serikov), 아빌세이트 아이하노프(Abilseit Aykhanov), 아스카르 샤이히예프(Askar Shaikhiev), 세르게이 볼로부예프(Sergei Volobuev) 등 많은 카자흐스탄 선수들이 올림픽을 비롯한 여러 유럽 및 국제 대회에 참가해 이름을 알렸다. 이들 모두 카자흐스탄 쿠레시를 기본으로 한 레슬링 선수들이다. 선수들은 그들 고유의 전통과 현대의 레슬링을 접목시키려고 노력하였다.

마투샤크(P. F. Matushak)와 무히디노프(E. M. Muxiddinov)는 카자흐스탄 쿠레시 교육서 『카자흐스탄 쿠레시』에서 전통 방식의 모든 스포츠의 가치는 올림픽에서 채택된 종목의 스포츠보다 뒤떨어지지 않는다고 강조한다. 전통 스포츠는 국제 스포츠의 첫 단계이기도 하며, 대중들은 지금도 전통 스포츠를 즐기고 그들의 삶의 중요한 일부로 인정하기 때문이다. 카자흐스탄 체육계는 카자흐스탄 쿠레시의 가치를 지키고 발전시키기 위해 교육과정을 체계화하고 이론을 정립하려 노력했다. 지금은 체육전문 슈콜라(초·중·고 통합학교), 체육전문대학교 및 종합대학교

14) Матущак П. Ф., Мухиддинов Е. М. 위의 책. 21쪽

체육학과에서 체계적으로 카자흐스탄 쿠레시를 배울 수 있다.

레슬링을 훈련하는 데에 있어 가장 큰 장점은 복잡한 장비가 필요하지 않다는 것이다. 평평한 곳이면 어느 곳이든 경기장으로 활용할 수 있다. 과거 카자흐스탄, 타지크, 조지아, 아제르바이잔, 터키, 이란 등의 전통 격투기 훈련 및 경기는 잔디 위에서 치러졌다. 현대에 들어와 카자흐스탄 쿠레시 경기장 바닥은 나일론 재질의 커버를 사용한 푹신하고 부드러운 특수 장판을 사용한다. 매트 두께는 5cm 이상이어야 하고, 규격은 13x13m이며 경기는 직름 7m의 원 안에서 이루어진다. 경기장 중심에는 지름 1m의 원이 그려져 있는데, 이 곳은 선수들이 경기를 시작하는 지점이다. 경기장 매트를 놓을 수 있는 최소 공간은 24x18x6m로 이 모든 장소는 고정식 레슬링 경기장으로 적용할 수 있으며 바닥은 반드시 목재여야 한다.[15]

카자흐스탄 쿠레시의 훈련 방식은 레슬링 훈련 방식과 흡사하다. 교육기관에서 수행되는 카자흐스탄 쿠레시 수업은 이론과 실습으로 나누어 진행한다. 이론 수업은 주로 기술에 대한 설명으로 진행되는데 사진, 동영상 등을 활용하기도 하고 그룹을 나누어 시범과 함께 진행한다. 실습의 경우 기초 체력을 위한 훈련과 기술 훈련을 함께 진행하고, 학생의 나이와 수준을 고려하여 초보, 교육·훈련, 향상, 마스터 등 4가지 그룹으로 나누어 교육한다.[16]

카자흐스탄은 체계적인 교육 방식을 도입하는 동시에 국제경기 방식을 받아들여 쿠레시의 세계화를 추진하고 있다. 우선 2011년에 처음으로 국내 카자흐스탄 쿠레시 대회 "카자흐스탄 바르스(Казахстан Барысы)"를 만들어 올해 2021년 대회를 성황리에 끝냈다. 10년 동안 카자흐스탄 국내 쿠레시 선수 10여만 명이 이 대회에 참가했다. 또 2013년부터는 유라시아의 선수들을 대상으로 한 "예우라지야 바르스(Еуразия барысы)"를 개최했다. 이 대회에는 이란, 몽골, 러시아, 폴란드, 우즈베키스탄, 키르기스스탄, 타지키스탄, 우크라이나, 중국 및 카자흐스탄 선수들이 매회 출전하고 있다. 나아가 2014년에는 전 세계 쿠레시 선수들

15) Матущак П. Ф., Мухиддинов Е. М. 위의 책. 31쪽
16) Матущак П. Ф., Мухиддинов Е. М. 위의 책. 37쪽

을 위한 "엘렘 바르스(Әлем барысы)" 개최해 팬데믹 이전인 2019년까지 총 4회에 걸쳐 세계대회를 진행하여 전 세계 레슬링 선수들이 카자흐스탄 쿠레시 경기 방식에 따라 경기에 참여하고 있다.

2019년에는 카자흐스탄 수도 누르술탄 시청의 지원으로 카자흐스탄 예술가들이 참여하는 쿠레시 경기 "오네르 바르스(Өнер барысы)"가 한 TV 프로그램을 통해 방영되었는데, 그야말로 폭발적 관심을 끌면서 이듬해 후속작이 만들어질 정도로 인기를 이어 나갔다.

6. 나가며: 쿠레시의 문화적 역할

카자흐 쿠레시는 오랜 역사를 지닌 전통 레슬링이며, 모든 축제나 축하 의식에서 빼놓을 수 없는 기본적인 문화로서 현대 카자흐스탄 국가 정체성의 필수적인 부분이다. 카자흐스탄의 쿠레시는 기원전 9세기 무렵부터 지금의 중앙아시아 지역에서부터 시작되었으며 당시 대회 및 결혼 풍속을 통해 그 내용을 알 수 있었다. 문헌에서 카자흐 쿠레시가 역사에 등장하기 시작한 것은 17세기 말－18세기 초 이후였다. 유목 생활로 만들어진 육체적 훈련과 전투 기술을 가지고 있었으며, 많은 영웅들이 탄생했다.

이상과 같이 카자흐스탄 쿠레시는 경기 방식이나 기술적인 측면에서 변화하고 있지만 예로부터 지금까지 자신을 보호하고 심신을 단련하는 수단으로 계속 발전해 왔으며 남녀노소가 함께 즐기는 놀이 문화로 그 가치는 전승되었다. 앞으로도 쿠레시는 카자흐스탄의 민족 스포츠로 또 전통문화의 한 부분으로 카자흐스탄 민족의 사랑을 받으며 지속될 것이다. 카자흐스탄 쿠레시는 민족 정체성의 보존과 함께 레슬링 기술계의 진보적 경향을 고려하고 있는데, 이는 앞으로 더 발전하는데 긍정적인 영향을 미칠 것이다.

'카자흐 쿠레시'는 카자흐스탄 국민에게 매우 중요한 문화유산이다. 쿠레시는 나이나 성별, 인종, 또는 사회 종교적 배경과 무관하게 모든 사람들에게 공평하게 개방되어 있다. 카자흐 문화와 역사의 중요한 부분인 쿠레시는 변화무쌍한 카자흐스탄 국민들의 현대 생활 속에 조화롭게 통합되어 있다.

쿠레시 시합은 사회적 결속, 공동의 축하, 건강한 생활의 정신이라는 특징을 지니므로 카자흐스탄의 모든 국민은 '카자흐 쿠레시' 경기를 즐겨 관람하고 국가 수준의 시합이나 토너먼트에 참가하고 있다. 경기가 열리면 항상 고위 공무원, 외교사절, 유명 배우나 음악가 등도 동참하여 전통 공연·가창·연극 예술 등의 공연이 연행되고 현대적인 무예가 함께 펼쳐지기도 한다. 이런 공간에서 열리는 음악 연주와 연극, 그리고 장식에 이르기까지 이 모두가 카자흐스탄 무형문화유산의 다양한 측면을 반영한다. 쿠레시는 젊은 세대에게 역사와 문화를 존중하고 영웅 발루안과 같이 강하고 용감한 사람이 되고 싶은 꿈을 키우도록 가르친다.

다른 무엇보다 '카자흐 쿠레시'는 신체적으로 건강한 젊은이를 양성하게 한다. 이 전통 스포츠는 미래 세대의 신체적·생리적·인구통계학적 건전성에 긍정적인 영향을 주어 '바티리스(Batyrs)'라는 강인한 남성을 키우게 하는 수단으로 자리 잡았다. 또한 '카자흐 쿠레시'는 시합을 관람하고 이에 대해 이야기하는 과정에서 가족과 공동체를 하나로 잇는 역할을 하고 있다.

레슬링(Kures)

1. 들어가며

고대인의 육체적 특성은 노동과 사냥의 과정에서 존재를 위한 투쟁으로 발전하고 향상되었다. 사냥은 인간 진화 측면에서 가장 중요한 요소로 간주된다. 사냥은 힘과 인내심뿐만 아니라 정신적 능력에 영향을 미쳤다. 고대인들은 매우 능숙한 사냥꾼이었다. 그들은 사냥 무기로 돌, 창, 활, 화살을 사용했으며 그 무기의 도움으로 버팔로, 호랑이, 사자 또는 매머드와 일대일로 싸웠었다. 원시 공동체 사회에서 이러한 전투는 아주 흔한 것이었다.

그 먼 시대에서부터 석기 시대 사람은 자신들에게 필수적인 신체적 컨디션에 대해 진지한 태도를 가지고 있었기에 근력 발달을 위한 운동과 기술이 발생했다고 추측해 볼 수 있다. 원시인은 의식을 진행할 때나 기념일에 친척 앞에서 일대일로 레슬링을 하며 승리한 사람은 종종 종족의 우두머리가 되었었다.

고대 그리스에서는 신체적 운동으로 레슬링이 널리 퍼져 있었다. 이미 그 당시부터 특별한 체육관이 있었으며 레슬링을 아주 높은 수준으로 가르쳤다.

『Wrestling and Fighters』 책의 저자인 Leon Ville은 다음과 같이 기술했다. "레슬링은 전쟁에 필요한 도구로 그리스에서 발명되었다. 마라톤 전투에서 아테네인은 투쟁보다 레슬링 덕분에 더 많은 승리를 거두었고, 테르모필레 전투에서 스파르타인이 무장하지 않은 채로 남겨졌을 때 레슬링 기술의 도움을 받아 자신의 손으로 적과 강하게 저항했다."

대회에서 우승한 선수에게 월계관을 씌우고, 그에 대한 노래가 작곡되었으며, 그 선수는 원주민의 영광과 자부심이 되었다. 또는 특별히 벽에 구멍을 뚫은 통로를 통해 세 마리의 말이 끄는 전차를 타고 도시로 들어왔었다. 선수들은 큰 관심을 받았다. 예술가들은 초상화를 그렸고 조각품을 만들었다. 우리 시대보다 훨씬 전에 있었던 유명한 시인 호머는 그의 일리아드에서 이렇게 말한다. "오디세우스는 속임수를 간파하고 있으며, 어느 순간 발 뒤꿈치로 무릎을 치고 발을 치며 그를 등쪽으로 넘어뜨렸다." 하지만 고대 그리스와 고대 로마에서만 체육의 기초가 탄생하고 있었을까? 고고학에서 입증된 정보에 의하면 인류 공동 문화에 기여한 고대 문명은 이집트, 인도, 중국이었다.

이집트의 베니하산(Бени-Гассан) 마을 근처에서 고고학자들은 무덤을 발굴했다. 그 무덤의 벽에는 전투 장면을 재현하는 벽화와 레슬링하는 선수들의 모습이 담겨 있는 400개 이상의 벽화가 있었다. 그 벽화들은 지금까지도 다양한 레슬링 종류에서 사용되는 여러 가지 유형의 기술들을 보여 주고 있었다.

바빌론에는 돌 위에 조각된 레슬링하는 선수들의 모습이 담겨 있다. 고대 아프리카 종족의 벽화도 레슬링을 묘사한 그림을 우리에게 보여준다. 고대의 많은 민족들의 명절 때는 레슬링 공연이 없어서는 안 될 부분이었다. 호주 원주민은 다른 유용한 기술과 함께 레슬링 기술을 습득한 청년만을 남자로 인정했었다.

고대 러시아의 연대기 기록자들은 현대 러시아인의 조상들이 완벽하게 습득한 많은 격투기 기술들을 우리에게 알려 주었다. 양피지에는 러시아 군사들의 영웅적인 전투에서 사용한 던지기 기술에 대한 설명이 가득하다. '발로 잡기', 뒤집고 올라타는 스윕(Sweep) 기술, 허벅지 잡기, 다리로 잡아 던지기, 집어 올리기 등 다양한 기술한 기술들을 능숙하게 구사했다고 전해진다.

2. 레슬링의 역사[17)]

수많은 민속학 데이터에 따르면 중앙아시아와 카자흐스탄 영토에서 원시공동체 시대에 물질적, 영적 삶의 수준에 해당하는 일종의 물리적 문화가 있었다는 사실을 알 수 있다.

기원전 천년의 고대 작가들은 카자흐스탄의 대초원과 산기슭에 Saka(사카), Massagetae(마사게타이), Issedones(이세도네스) 및 Argipeans(아르기피안)이라는 수많은 종족이 살았다고 기록했다. 서면 출처를 뒷받침하는 고고학 자료에 의하면 기원전 7－4세기에 카자흐스탄에서 대부분의 인구는 강대한 사카 종족에 속하고 있었던 것을 보여 준다. 그들은 연합하여 유목 생활을 이끌었고 축산에 종사했다. 그리고 사카 종족에게 특별한 풍속이 있었다. 이 종족의 남자들은 씨름에서 이겨야만 결혼을 할 수 있었다.

고대 카자흐스탄의 땅에 살았던 마사게타이 종족은 자유를 사랑하고 호전적인 사람들이었다. 기원전 4세기 아케메네스 왕조의 일부로 세계적 고대 국가를 지배한 페르시아 왕 키루스는 마사게타이 땅을 정복하려는 행동으로 자기 목숨을 이뤘다. 마사게타이 군사들은 창과 맨손으로 싸웠다. 고대 역사가들은 위대한 정복자의 죽음과 전쟁의 잔인함에 충격을 받았다. 민속 쿠레시 방법이 여기에서 파생되었다. 맨손으로 싸웠던 이 전쟁은 오랫동안 계속되었고 결국에 마사게타이 종족이 승리를 얻었다.

중세 시대에 대상(caravan) 경로의 교차로에 있었던 가장 큰 무역 도시 중 하나는 Taraz(타라즈)가 있었다. 그 곳에 관한 많은 양의 서면 정보가 전해진다. 타라즈는 중앙아시아의 광범위한 무역 및 공예의 고전적인 봉건 도시였다. 그 곳에서 양궁과 레슬링과 같은 다양한 스포츠 대회와 함께 연례 박람회를 주최했었다. 이 시대에도 쿠레시 기술을 연구하는 특정 학교가 있었다고 추측해 볼 수 있다.

---

17) 드리 보론토소브(Andrii Vorontsov) · 오르기 코로베이니코브(Georgiy Korobeynikov), 〈중앙아시아 전통 레슬링〉, 유네스코아태무형유산센터 · 유네스코국제무예센터 엮음, 《인류무형문화유산 세계의 전통무예를 만나다》. 도서출판 학고재, 2020년. 74－86쪽에서 인용하였음을 밝힌다.

17세기 말–18세기 초에 카자흐족은 동쪽의 알타이에서 서쪽의 우랄까지, 북쪽의 토볼과 이르티시에서 남쪽의 타슈켄트까지 넓은 영토를 차지하고 정착했다. 장거리 여행을 위해 어린 시절부터 육체적으로 훈련을 받은 뛰어난 카자흐인들은 최고의 지도자에게 절대적으로 순종했다. 그들은 항상 이동할 준비가 되어 있었으며, 오랜 시간동안 이동했다. 이들은 전쟁 기술이 뛰어난 역사적 경험을 가지고 있기 때문에 카자흐족은 동맹국으로써 이웃 국가들에게 환영을 받았다.

카자흐족에서 다음과 같은 유명한 영웅들이 있었다. Karasai, Kabanbai, Bogenbai, Raiymbek, Nauryzbai, Abulkhair, Tole bi, Kazybek bi, Aiteke bi, Kenesary, Makhambet, Shakshak–Zhanybek, Malaysary, Olzhabai(Olzhas Suleimenov의 고조 할아버지)이다.

역사가들에 따르면 영웅들은 카자흐스탄의 대초원을 지키기 위해 전쟁에 참여하였고, 이들의 용기와 힘은 남달랐다. 특히 아빌만수르–사발락(Abilmansur–Sabalak)이라는 인물의 명성은 대단했다. 그의 나이 20대에 울리타우(Uly–Tau) 산 근처에서 중가르(Dzungars)와의 전쟁이 시작하기 전에 장수들이 일대일로 격투기를 하였고, 사발락은 갈단–체르나 차리쉬(Galdan–Tseren Charysh)의 상속자이자 중가르(Dzungar) 군사의 장군을 죽였다. 이 전투에서 아빌만수르–사발락(Abilmansur Sabalax)은 이름을 외치면서 할아버지의 정신을 불러내어 도움을 청하고 적을 향해 돌진하였다. 그 이후로 “아블라이 바트르(Batyr 영웅)”으로 불리기 시작했다. 아블라이가 된 아빌만수르–사발락은 검, 창 같은 무기들을 능숙하게 사용했었다. 또한 아블라이는 카자흐 쿠레시, 격투기 기술들을 완벽하게 구사했다.

아블라이의 목표는 단결되고 강력한 카자흐 칸국을 만드는 것이었다. 그의 재위 기간 동안 제정러시아, 중국, 중가르, 부하라 및 히바 칸국이 카자흐의 의견을 중요하게 여기며 좋은 이웃 관계를 유지하려고 노력했다.

카자흐스탄의 다민족 국민들은 역사와 카자흐족의 위대한 아들인 아블라이한(Abylai Khan)에게 경의를 표명하기 위해 그의 기념일을 성대하게 기념했다.

3. 중앙아시아의 다양한 레슬링 유형

중앙아시아 레슬링은 전투기술과 신체단련의 도구

중앙아시아의 전통무예는 내외적 요인을 두루 고려할 때 그 뿌리가 깊다. 국가마다 고유한 전통 스포츠가 있으며 가장 인기 있는 종목은 레슬링과 승마, 활쏘기이다. 중앙아시아 지역에서 격투스포츠가 널리 인기를 얻고 있는 까닭은 몇 세기를 거슬러 올라가는 역사적 사건들로 설명할 수 있다. 일례로, 잘 알려진 몽골–타타르 침략은 대부분의 아시아 국가들에 사회·문화적 규범의 발전과 변혁과 관련하여 뚜렷한 자취를 남겼다.

중앙아시아에 위치한 국가들은 현재 국가 스포츠를 보존하여 전통의 명맥을 이어가고 있는데 레슬링 종류도 여기에 포함된다. 과거 전통무예의 조직과 관련된 전통 의식과 특별 의식이 대대로 전해져왔으며, 이렇게 전수된 지식 덕분에 무형유산을 보존할 수 있었다.

중앙아시아 지역은 세계의 다른 지역과 마찬가지로 역사적 사건과 지리적 특성, 기후, 지역 경제 발전 등에 따라 고유의 전통을 갖는다. 중앙아시아는 광활한 초원지대로 유명하여 이 지역에 사는 사람들은 유목생활을 영위할 수밖에 없었다. 여러 초원지대를 끊임없이 옮겨 다니는 생활방식 탓에 부족들 간에 분쟁이 자주 일어났다. 자신을 방어하거나 상대를 효과적으로 공격하려면 신체 단련과 전투력이 필수였다. 전통무예 및 놀이는 오랫동안 전투와 관련한 기술을 발전시키기 위한 수단으로 주로 사용되었고, 정신적 가치를 함양하는 교육적 도구로도 이용되었다. 한 국가의 가치관은 국가와 민족의 존엄성, 역사, 생활방식, 미래, 사회계층, 정신, 계몽과 연관되어 형성된다. 상호 문화 소통의 과정은 정신적 발달을 위한 중요한 수단으로서 게임 자체의 본질에 큰 영향을 미쳤다. 각 나라마다 고유의 스포츠와 관련 대회 및 경기가 있었다(이하 '국가 경기'로 통칭한다). 사회 발전의 현 단계에서 보면, 주지한 바와 같이 중앙아시아 지역에 레슬링, 활쏘기, 승마 세 종류의 스포츠가 널리 퍼져 있다. 이는 유목 생활방식과 많은 관련이 있음을 드러낸다. 이 '세 가지 남성적 게임'은 노동, 군사, 경제 활동에 필요한 다재다능, 힘, 재주의 정신을 전형적으로 보여 준다.

어떤 스포츠의 경우 한 나라에서도 세부 지역별로 혹은 하위 민족별로 약간의 차이가 있기 때문에 민속무예가 하나의 특정 국가나 민족 집단과만 연관되어 있다고 생각하는 것은 바람직하지 않다. 이와 같이 파생된 전통무예나 유형은 형식, 의식, 규칙, 전통 등의 측면에서 특정 집단에 속하며 다른 집단의 것과는 명확히 구별되는 요소를 갖추게 된다. 이런 격투기 중에 일부를 살펴보자.

투르크메니스탄 고레시(Goresh)[18)]

고레시는 현 투르크메니스탄의 여러 지역에 다양한 파생 형태로 존재하는 민족 레슬링이다. 고레시를 처음 탄생시킨 것은 투르크멘인 가운데 원래 살던 고향에서 북쪽으로 이주한 집단이라는 것을 점을 언급할 필요가 있다. 그럼에도 불구하고 고유의 문화와 민족적 특성이 보존되었으며 동시에 새롭게 정착한 지역 인근에 살고 있던 칼미크인들의 문화와 자연스레 섞이기도 했다.

학계의 현장 조사에 따르면 고레시 무예는 경기는 주로 휴가철이나 부족 의식 등의 행사가 있을 때 열렸다. 이런 행사에서 승마가 그 시작을 알린다면 고레시로 대미를 장식하는 식이었다. 투르크멘식 레슬링은 청소년들 사이에서 인기가 높았으며 대회 참가자를 연령별로 분류하기도 했다. 더 어린 세대가 참가하는 레슬링은 '베쿄 구레시 트루(bekyo guresh tru)'라는 명칭으로 불렸으며 오늘날에도 이를 사용한다. 레슬링은 남자 청소년들 사이에서 가장 중요한 활동이었는데, 부와 명예를 얻을 수 있는 수단이었으므로 자연스럽게 참여율도 높았다. 다른 유목민족과의 보이지 않는 신경전이 있었기에 고레시와 레슬링과 승마는 전투에 대비하는 준비 단계로 여겨졌고 전투에 유용한 순으로 우선순위가 정해졌다. 이런 활동을 통해 남성들이 신체를 단련하고 전투 기술을 익히는 동시에 육체적, 정신적으로 성장하고 발전할 수 있었다.

고레시는 경기는 관중들이 여러 부족 대표들 간의 대결을 볼 수 있도록 반원 형태의 실외 공간에서 열렸고, 특정한 규칙에 따라 각 그룹의 좌석을 배치했다.

18) 중앙유라시아 여러 민족이나 부족들의 언어적 다양성이나 유사성 때문에 쿠레스는 코레시, 쿠레쉬, 쿠레시, 구팅기리 등으로 불린다는 점을 지적해 둔다.

원형 부분의 남쪽은 귀빈과 성직자, 행사 주최측의 자리였고, 동남쪽과 남서쪽에는 여러 부족의 응원단과 관중들이 앉았다. 대결에 앞서 주최측은 선수와 심판들을 위한 음식을 준비했는데, 전통적으로 메뉴는 구운 양고기와 녹인 지방이었다. 이는 고레시에 꼭 포함되는 요소로 평화와 비폭력 행동의 상징으로 여겨졌다. 이런 의식을 통해 부족들 간에 우호적인 관계를 유지하는 일의 중요성을 상기할 수 있었고, 따라서 선수들이 공정하게 경쟁할 것을 요구했다. 시합 전 고레시 선수들은 흰색 얇은 종이로 몸을 감쌌고, 경기 중에는 샅바를 찼다. 보통 우승자는 상품을 받았는데, 대개 양이나 티바(압축된 찻잎 뭉치 조각)였고, 금전적 보상은 드물었다.

타지키스탄 구시팅기리

구시팅기리는 타지키스탄에서 유래된 전통 레슬링으로 잘 알려져 있다. 투르크멘의 고레시와 마찬가지로 구시팅기리도 여러 파생 형태로 존재하는데 역시 민족적, 지리적 요건에 따라 구분된다. 일례로 구시티니 부초로이(Gushitini Buchoroi) 혹은 부하르 레슬링(Buhar wrestling)은 부하라(현 우즈베키스탄) 사람들을 포함하여 타지크인들 사이에서 전통 레슬링의 한 종류로 인식된다. 구시티니 부초로이는 시합 중 하체 공격이 가능하다는 점이 구시팅기리와의 가장 큰 차이점이다. 또한 부족별로 각각 경기의 우승 규칙과 조건이 달랐다. 구시팅기리에서 우승하는 가장 흔한 방법은 던지기 기술을 사용해 상대가 뒤로 넘어지게 하는 것이다. 일부 지역에서는 상대 선수를 어깨 너머로 던져 넘기거나, 상대의 등에 걸터앉거나, 상대의 가슴을 무릎으로 밀어 경기장 밖으로 내보내는 등 다른 규칙을 허용하기도 했다. 이런 규칙들은 각 부족의 필요에 의해 만들어졌다. 그들도 잠재적 적군에 대항하기 위한 방어 메카니즘이 필요했기 때문이다. 과거에는 이전 경기에서 두각을 나타내고 특별 시험을 통과한 숙련된 선수들로 교사를 구성하여, 구시팅기리 전문학교를 설립하기도 했다.

보통 최고의 레슬러를 가리기 위한 부족 간의 전통 구시팅기리 대회가 조직되었다. 이 제도 덕분에 각 부락에서는 부락을 대표하는 실력자로 구성된 레슬링 팀이 만들어졌다. 매 경기의 우승자는 점수를 얻고 모든 부락 전체에서 순위를 가렸다. 우승자가 관중 앞에서 원형경기장을 한 발로 뛰는 의식도 있었고, 때로는 우승자를 경기장 한 가운데로 던지기도 했다. 그런 뒤 우승자는 또 다른 부락을 대표하는 선수에게 시합을 청했다.

1938년에 공식 규칙과 분류 체계가 제정되기 전에는 선수들이 시합에서 다양한 기술을 사용했다. 구시팅기리 선수는 잡기 외에도 펀치, 조르기 등의 기술을 사용했던 것으로 밝혀졌다. 이런 기술은 주로 전투 목적으로 개발된 것이었는데 시간이 흐르면서 사라졌다. 구시팅기리 레슬링 대회는 전통적으로 주요 명절이나 축하 행사, 영적 의식 때 열렸으며 시합 장소는 특별히 지어진 공간이나 임의로 선택된 지역으로 선정되었다. 1940년대에는 문화유산이 당대의 규정에 어긋나는 경우가 많아서 공화국 행사의 조직에 방해가 됐다. 같은 부락이나 같은 지역의 레슬링 선수들은 서로 상대 선수로 대결하는 것을 거절했는데 전통 레슬링이 원래 다른 부족과 경쟁하기 위해 만들어졌기 때문이다. 그 결과 전국적인 규모의 몇몇 구시팅기리 행사는 개최되지 못했다.

몇몇 연구자들은 오늘날 동양 무예가 중앙아시아의 청년층에게 엄청난 인기를 얻고 있지만 동시에 구시팅기리가 원래의 전통을 지킨다면 새로운 격투스포츠를 배우거나 개발할 필요가 없을 것이라고 주장한다. 안타깝게도 구시팅기리 레슬링에 대한 지식이 이전 세대로부터 완벽하게 전승되지 않았기 때문에 현재 타지키스탄 지역에서 유서 깊은 이 전통 스포츠의 인기를 되살리려면 어느 정도 심도 있는 연구가 필요하다. 전통을 지켜가면서 후대에게 전하는 일을 게을리 하지 않는 외딴 산간 지방의 부족들을 인터뷰해보면 구시팅기리를 보존하는 일은 어렵지 않다.

우즈베키스탄 쿠라시

진화의 역사가 긴 전통 레슬링이 보존된 또 다른 좋은 예는 우즈베크족의 쿠라시다. 중앙아시아의 다른 무예와 마찬가지로 이 전통 레슬링은 몇 가지 차별화된 특징을 가진 파생 형태의 무예로 세분된다. 이런 구분은 주로 시합의 규칙과 의식, 행사 등과 관련이 있다. 벨보글리(Belbogli) 쿠라시의 주된 특징은 벨트가 있다는 것이다. 시합이 시작되기 전에 선수 들은 서로의 벨트를 잡고 있는지 확인해야 한다. 우승하기 위해서는 상대방을 들어 올려 등이 땅에 닿게 메쳐야 한다. 벨보글리의 규칙은 다리를 사용한 공격을 허용하는 반면에 벨라슈브(Bellashuv) 시합에서는 상체 공격만 가능하기 때문에 신체 조건의 영향을 더 많이 받는다.

우즈베키스탄의 쿠라시는 전통적으로 국가, 지역, 지방, 심지어 가족 단위 등의 다양한 기념행사를 위해 조직되었다. 부유한 사람들은 보통 손님을 접대하기 위해 유명한 레슬링 선수들을 초대하곤 했다. 이런 자리는 행사의 중요성을 부각시키고 주최측의 부를 과시했다. 쿠라시 대회 우승자는 권위 있는 상을 받으면서, 가운이나 스컬캡, 부츠, 허리 스카프 등 여러 가지 전통 물품을 상품으로 받았다. 우즈베크인들 간의 전통 레슬링은 결혼 축하 행사 때 열리곤 했는데, 저녁이 되면 모든 하객들이 불 주위에 모여 켕 다브라 형태, 즉 원을 이루었다. 한 선수가 원을 돌면서 탈랍－탈랍('요청－요청')이라고 말하며 자신과 맞설 상대를 물색했다. 누군가 도전에 응하면 경쟁자들은 원을 세 바퀴 돌면서 관중들을 맞이했다. 중앙아시아의 다른 전통 레슬링과 마찬가지로 쿠라시는 연령과 체급에 따른 구분이 없었지만 심판들은 엇비슷한 상대가 시합하도록 짝을 지었다.

예로부터 쿠라시 시합은 부락의 광장이나 '유력 가문의 저택'(원어로 주르혼 또는 피르혼이라고 함)에서 열렸다. 계절에 따라 경기장 지반을 부드럽게 하기 위해 모래나 톱밥을 깔아주는 경우도 있었다. 부자들은 전통 장식이 달린 카펫을 경기장에 깔기도 했다.

전통적인 쿠라시와 관련된 몇몇 요소는 오늘날의 전통 쿠라시 행사에서도 여전히 유효하다. 보통 두 명의 성인이 시범경기를 벌여 관중의 흥미를 끌고, 뒤이어 어린이 쿠라시 대회가 열리곤 한다. 마지막으로 유명 선수들이 레슬링 경기장에 발을 들여놓으면 행사나 의식의 최대 볼거리가 시작된다. 다른 전통 레슬링과 달리 쿠라시 레슬링 경기에는 우즈베크 전통음악이 곁들여졌다. 우즈베크인들은 오늘날에도 지역 차원에서 쿠라시 레슬링 경기를 개최함으로써 선조의 전통을 이어가고 있다. 더욱이 쿠라시 레슬링은 국제적으로도 명성을 얻고 있는 신흥 스포츠로 꼽힌다. 쿠라시를 국가 차원에서 보존하고 동시에 전 세계적으로 진흥할 목적으로 1998년에 국제쿠라시협회가 설립되었다.

카자흐스탄 쿠레시

카자흐스탄 쿠레시는 유명한 카자흐스탄 전통 레슬링으로 최근 국제 스포츠로 인정받고 있으며, 토플리스 레슬링, 맨발 레슬링, 부츠 착용 레슬링, 주먹 싸움 레슬링 등 다양한 형태가 있다. 중앙아시아의 끝없는 초원에서 유목민으로 살아가는 이 지역 사람들은 신체 활동과 고도화된 전투 기술을 포함한 이웃 부족의 전통과 의식을 받아들이거나 발전시켰다. 카자흐족의 전통 레슬링에 여러 종류가 있었다는 사실은 동화, 전설, 역사 및 소설, 고고학적 발견 등 풍부한 자료를 통해 증명된다. 마르코 폴로는 중앙아시아 여행기에서 무사의 전투 준비 전략으로 무예에 대해 언급했다. 훈련이나 시합 중에 벨트가 사용된다는 점도 분명히 했다. 게다가 어린이 레슬링의 경우 소녀들도 아무런 차별 없이 소년들과 맞서 싸웠는데, 이는 전투에 필요한 기술 향상의 중요성을 강조하는 대목이다. 벨트 레슬링과 관련된 또 다른 증거는 15세기 초 중앙아시아의 광활한 초원 지대를 방문하여 쿠레시 경기를 목격한 여행자 레이 클라브디초(Rey Klavdicho)의 기록에서도 발견된다. 이처럼 쿠레시 등 카자흐스탄 국가 스포츠를 언급한 역사적 기록이 많이 남아 있다. 카자흐스탄 사람들은 지금도 전투 기술에 대한 기억을 가슴속에 간직하며 자부심을 느낀다. 팔루안 paluan(레슬러)에 대한 다양한 글귀가 남아 있다는 것은 사람들이 무예를 중요한 유산으로 여긴다는 의미다.

'차판' chapan 혹은 '샤판' shapan이라 부르는 벨트가 달린 특수 재킷은 카자흐스탄 쿠레시 선수들이 사용한 것으로, 현대 레슬링 선수들도 여전히 이 재킷을 착용한다. 현행 카자흐스탄 쿠레시 규정에서는 벨트나 상체 잡기를 모두 허용한다. 화려한 던지기 기술을 선보이기 위해 레그 트랩과 훅에 관련된 다양한 기법을 많이 쓴다. 모든 카자흐스탄 쿠레시 경기는 기립 자세에서 상대를 던져서 등이 바닥에 닿게 하는 것을 목적으로 하며, 그라운드에서는 어떠한 행동도 허용된다. 다수의 연구자에 따르면, 이 경기에서 승리하기 위해서는 뛰어난 신체 능력과 숙련된 기술, 노련함이 모두 필요하다.

예전에는 카자흐스탄 쿠레시에 체급 구분이 없었기 때문에 모든 대회가 "가장 강한 사람이 우승자"라는 슬로건 아래 조직되었다. 1930년대에 이르러 체중과 연령으로 참가자를 구분하기 시작하면서 전통적인 레슬링의 형태가 변모하기 시작했다. 오늘날의 카자흐스탄 쿠레시는 민족 정체성의 보존과 함께 레슬링 기술계의 진보적 경향을 고려하고 있는데, 이는 앞으로 더 발전하는데 긍정적인 영향을 미칠 것이다.

오늘날 카자흐스탄의 전통 레슬링은 고대의 의례와 전통을 그대로 간직하고 있다. 일례로 세계적으로 잘 알려진 국제행사 '카자크-바리시(Qazaq-Barysy)'는 늑대 털가죽 제품, 유목민 전통 텐트 유르트, 전통음악, 기타 의례 등 유명한 풍습과 유물을 선보이면서 일반 관객들에게 전국 격투기 대회를 볼 수 있는 기회를 제공한다. 카자흐스탄 쿠레시 자체는 악토베에 국제연맹 본부를 두고 쿠레시를 세계적으로 널리 알리고 있다.

키르기스스탄 발반 쿠로시

현재의 키르기스스탄 지역에서 성행한 또 다른 전통 레슬링은 발반 쿠로시다. 이 레슬링은 고대부터 행해졌으며 지리적 특성에 따라 남과 북의 두 흐름으로 나뉘었다. 벨트 착용이 의무이고, 기립 자세로만 진행된다는 점이 공통적인 특징이었으나 북부와 남부의 레슬링 형태에는 분명한 차이가 있다. 북부 레슬링은 트랩과 다리 공격 등 전신을 이용하는 형태였고, 남부 레슬링은 상체 공격과 관련된 기술을 써서 체력 단련이 더 많이 필요했다.

발반 쿠로시 경기는 모든 휴일과 행사일에 열렸다. 중앙아시아의 다른 나라의 사람들과 비슷하게 키르기스스탄 남성들은 활쏘기, 승마, 레슬링의 세 가지 주요 스포츠 연습에 참여했다. 트루크메니스탄 고레시나 타지키스탄 구시팅기리와 비교해볼 때 발반 쿠로시는 일반 관중들이 보기에 남성들 간의 진지한 경쟁이라기보다 일종의 오락이었다. 전령관 즉 대중 연설자는 관중들 사이를 돌아다니며 부락에서 가장 힘센 사람 중 한 명과 대결할 것을 제의하면서 농담과 일화를 곁들여 사람들을 웃기고 즐겁게 했다. 상대가 나타나면 관중들은 작은 원을 만들어 쿠로시 경기의 시작을 알렸다. 이렇듯 예능적 성격이 강했음에도 선수들은 발반 쿠로시에 관한 지식과 기술을 갖추고, 경기력에 따라 여러 그룹으로 분류되어 있었다.

흥미롭게도 중앙아시아의 여러 민족은 레슬링 선수를 위한 특유의 복장을 만들었다. 앞서 언급했듯이 타지키스탄 구시팅기리 레슬링 선수들은 가운을 입었고 투르크메니스탄 선수들은 샅바만 걸치고 있었다. 이와 대조적으로 키르기스스탄 유목민은 레슬링 경기에서 칸다게이라는 가죽 바지를 입었는데 그 폭이 매우 넓어서 150cm나 되는 경우도 있었다. 허리에는 사슴 가죽으로 만든 벨트가 달려 있어 상대를 움켜쥐는 용도로 사용되었다. 와이드 팬츠는 레슬링 선수들이 서로 다른 포지션에서 상대방을 잡을 수 있기 때문에 던지기 기술을 실행하는 데 많이 사용되었다. 가끔 캐주얼한 옷을 입는 선수도 있었는데, 경기력이 좋지 않 거나 경제적 형편이 좋지 않은 경우였다.

발반 쿠로시는 사용 기술이 제한적인 편이라 선수들이 대부분 힘과 지구력에 의존하는 것으로 알려져 있다. 시간 제한은 없지만 어떤 경우든 상대를 깔끔하게 던져서 상대의 등이 바닥에 닿으면 우승이었다. 그런데 시간 제한이 없을뿐더러 체중이나 연령에 따른 분류도 없어서 선수가 부상을 당하고 사고로 이어지는 경우가 많았다. 남성뿐만 아니라 여성도 발반 쿠로시에 참여했다는 점이 주목할 만하다. 여성이 남성 선수에게 도전하는 것도 예외적인 일이 아니었다. 여성도 시합 때 남성 것과 비슷한 유니폼을 입었는데, 가죽 바지는 물론이고 남성은 신지 않는 부츠도 포함되어 있었다.

선수는 자신의 개인 교사나 멘토를 따라 등장했다. 교사나 멘토는 선수를 원 안으로 데려가 선수가 입고 있던 가운을 받아서 나갔다. 존중과 평화를 보여주기 위해 시합에 앞서 상대와 악수를 하는 것이 의무였다. 또한 각 선수는 경기 전후에 원형경기장을 빙둘러 걸으며 관중에게 인사를 했다. 발반 쿠로시만의 또 다른 특징은 승자가 패자를 그라운드에서 일으키며 서로 악수를 나누는 것이다. 어떤 사소한 부정적인 행동도 잠재적인 공격으로 받아들여질 수 있고 제스처 때문에 이따금 부족들 간의 갈등이나 집단 싸움이 일어나기도 했다.

키르기스스탄의 전통 레슬링의 경우 예전과 살짝 달라진 부분은 있겠지만 주요한 전통 요소들은 잘 보존되어 있다. 현재 발반 쿠로시는 세계적으로 알려진,

현대 국가 레슬링의 하나인 알리시(Alysh)로 대체되었다.

전통(민속) 스포츠 레슬링의 종류와 기술

카자흐스탄에 못지않게 유목민 공동체들이 많이 존재하고 있는 국가는 우즈베키스탄으로, 특히 지역에 따라 유목민 공동체 속성이 명확한 곳들이 존재한다. 따라서 쿠레시는 카자흐스탄에 못지않게 전통놀이로 활성화되어 있는 곳이 바로 우즈베키스탄이다.

우즈벡 레슬링 'kurash'는 두 종류로 나눠진다. 하나는 페르가나 규칙을 따라 하며 경기를 하고 다른 하나는 부하라 규칙으로 경기를 한다. 우즈베키스탄의 쿠레쉬는 지난 수 세기를 거쳐 규칙, 기술, 전통 및 철학 등이 세대를 이어 계승되어 왔다. 그러나 쿠레쉬를 즐기는 개별 가문들은 각자의 필요에 의해 이러한 것들을 특화해왔고, 또 지리적으로는 중앙아시아를 중심으로 공유 및 계승되어온 전통무예의 성격이 강했기 때문에 일반적으로 통용될 수 있는 무술체계로의 발전을 위한 시도는 소련말기인 1980년 쿠레쉬, 유도, 삼보 마스터인 코밀 유스포프(Komil Yusupov)의 노력에 의해 일반 규칙들을 만들면서 본격화되었다. 이를 통해 체급, 용어, 대련 형태 및 시간, 경기자 및 심판의 유니폼 등에 대한 규칙이 규정되었으며, 이를 통해 고대 민속 기반의 놀이들이 현대적인 기반의 스포츠 형태로 체계화되었다.

현대 우즈벡 쿠레쉬의 경기복은 유도복과 비슷한 넓은 흰색 하의 바지, 느슨한 상의로 구성되며, 상의는 경기자에 따라 다른 생각으로 구분되며, 천으로 된 상이한 색깔의 띠를 매도록 하여 경기자를 구분한다. 띠의 길이는 180－220cm이며, 폭은 50－70cm이다.

경기는 최소 5cm미터 두께 이상으로 중앙부에 경기지대, 보호지대, 패시브 지대가 개별적으로 구분되어 있는 특별 제작된 메트리스 위에서 진행된다. 경기에 참가한 선수들은 경기구역 내에서 마주보며 서고, 경기는 레슬링 그로코로만형처럼 선 자세에서 상체를 사용하여 경기하는 것만 허용된다. 승부는 상대방의 등을 바닥에 닿도록 하는 선수가 승리한다. 쿠라쉬는 경기 상대방에게 고통을 가하거나, 타격을 하거나 잡고 누르기 등은 허용되지 않기 때문에 매우 안전하고 간단한 운동이다. 이러한 금지규정으로 인해 직접적인 대련은 매우 역동적이고 이론을 바탕으로 한다. 우즈벡 쿠레쉬는 지역적으로 서중부의 부하라, 북동부의 페르가나가 지역적인 차이점을 보인다.

부하라 레슬링에는 발차기, 스윕, 걸기 등 기술들이 허용된다. 반면에 다리를 손으로 잡는 것은 금지된다. 페르가나 규칙을 따르는 경기에서는 선수들이 전통 띠가 달려 있고 솜으로 만든 상의를 입으며 푹신한 신발을 신고 싸운다. 선수들이 서로의 띠를 잡으며 경기 끝날 때까지 놓치면 안된다. 발차기, 스윕, 다리를 손으로 잡는 것이 금지되어 있다. 시합은 스텐딩 자세로 진행된다. 시합의 목표는 상대 선수를 등으로 던지는 것이다. 상대 선수를 매트에서 떼어놓으면 1점이 주어지고 던지면 2점이 부여된다. 'Yambash' 폴(Fall)을 하면 바로 승으로 경기가 끝나게 된다.

중앙아시아와 문명사적으로 연계점을 가지고 있는 중앙아시아 인접지역에서도 이러한 형태의 전통무예는 지역이나 민족 특성을 반영하여 지역화된 형태로 이어지고 있다.

몰도바 및 루마니아에서 행해지는 트란타(Tranta)는 화려한 옷을 입은 레슬링 선수들이 민소매 상의를 벗고 양털로 만든 모자를 땅에 던지며 매트에 나온다. 선수들이 허리 위로 서로의 띠를 잡거나 십자형으로 잡으며 스텐드 자세에서 시작된다.

이 경기에서는 발차기, 스윕 또는 손으로 다리를 잡는 것이 금지된다. 경기복은 상의, 하의 및, 부드러운 스카프 띠로 구성되어 있다. 경기는 경기 상대방 선수의 양쪽 어깨를 바닥에 닿도록 하면 승부가 결정된다.

카자흐와 지리적으로 매우 인접한 타타르족의 타타르 레슬링 'Kuryash'는 스텐딩 자세로 옆쪽에서 서로의 띠를 잡는다. 발차기와 스윕이 금지된다. 띠를 놓지 않고 상대방을 들어올려 허벅지나 어깨 너머 매트에 던지며 본인은 상대방 옆에 넘어져야 한다. 의복은 셔츠, 바지, 띠(수건), 푹신한 신발로 구성된다. 경기의 목표는 상대를 등으로 던지는 것이다. 경기는 8분 동안 치루어진다.

타타르족의 쿠레시

아울러 카자흐스탄보다 더 북부에 위치한 유목민들도 카자흐의 쿠레시와 비슷하면서도 자신들만의 공동체에 특화된 씨름 종류가 있으며, 몽골계인 칼미크, 몽골계인 투바, 그리고 하카스, 에스키모 계통의 네네츠 등이 여기에 해당된다. 이 모두 종류는 서로 비슷하며 부랴트 전통 레슬링과 '합사가이'라는 야쿠트 레슬링이 유사하다.

예전에는 레슬링 선수들이 맨발로 상의를 입지 않고 싸웠었다. 아주 추운 야쿠트 날씨에 레슬링 선수들이 상의를 입지 않은 상태로 가끔 눈과 얼음 위에서 '합사가이' 레슬링을 하기도 했었다. 보통은 모피 바지를 입고 모피 부츠를 신고 레슬링을 했었다. 현재는 레슬링 선수들이 트리코를 입고 부츠를 신는다. '합사가이'에서는 몸의 모든 부분을 잡는 기술들이 가능하며 발차기, 스윕, 걸기, 다리를 손으로 잡는 기술들이 허용된다. 경기의 소요 시간은 중단 없이 10분 동안 진행된다. '합사가이'의 체급은 6가지가 있다.

칼미크 레슬링에서 스텐딩 자세로 서로 띠를 잡고 싸우며 허리 아래로 잡는 기술과 발차기가 금지된다. 상대방이 매트에서 떨어졌을 때 허리튕기기 기술이 허용된다. 레슬링의 목적은 상대를 땅에서 들어올려 던지는 것이다. 의복은 짧은 바지 또는 팬티, 띠, 푹신한 신발로 구성되며 맨발로 싸우는 것도 허용된다. 경기의 소요 시간은 8분이다.

투르크멘 레슬링 'Goresh'는 스텐딩 자세로 발차기가 허용되며, 반면에 허리 아래로 잡는 기술은 금지된다. 쿠레시의 목표는 상대를 등으로 던지며 3가지 부분으로 매트를 터치하는 것이다. 의복은 짧은 전통 가운은 입는다(길이는 무릎까지).

아르메니아 레슬링 'Goh'는 두가지 종류가 있는데 Shirak과 Lori로 나눈다. 레슬링은 스텐딩 자세로 허리 위로 잡는 기술과 발차기, 스윕이 허용된다. 목적은 상대를 등으로 던지는 것이다. 경기 끝나고 명예의 춤을 춘다. 경기의 소요 시간은 7분이다.

투바 민족의 'Huresh'는 스텐딩 자세로 옷의 모든 부분을 잡을 수 있으며 발차기가 허용된다. 'Huresh'는 모든 레슬링 선수들이 민첩성, 힘, 용기를 보여주기 위해서 'devish'이라는(독수리 춤) 춤을 추며 시작된다. 경기의 목적은 상대의 양쪽 어깨가 땅에 닿게끔 던지거나 무릎으로 땅을 터치하는 것이다. 의복은 가죽으로 장식된 팬티와 상의를 입고 부드러운 가죽으로 만든 전통 신발은 신는다. 경기의 소요 시간은 6분이며 결승전은 10분 동안 진행된다. 특히 투바는 지리적으로나 문명사적으로 보면 몽골과 매우 긴밀한 관계를 가지고 있기 때문에 몽골의 부흐와 매우 흡사한 양상을 보인다.

아제르바이잔 레슬링 'Gulesh'는 스텐딩과 파르테르 자세로 발차기, 스윕, 다리걸기가 허용되며 몸의 모든 부분을 잡을 수 있다. 다리 잡기, 상체 잡기, 바지의 모든 부분을 잡는 것이 허용된다. 선수들은 상의를 입지 않고 짧은 반바지를(무릎 위까지) 입고 푹신한 신발을 신고 싸운다. 만약에 선수가 파르테르 자세로 넘어지게 되면 일어서지 않고 그 자세에서 상대방의 어깨를 매트에 닿게끔 돌리려고 노력을 한다. 경기가 시작되기 전에 레슬링 선수들이 서로 손을 내밀며 악수를 하고 그 상태에서 어깨로 충돌 하면서 서로를 밀고 3번째로 강하게 밀 때 서로 튀어나와 경기가 시작된다. 예전에는 선수들의 몸에 대량의 기름을 발랐었다.

4. 나가며

카자흐스탄 내에서 전통무예들은 올림픽 스포츠에 뒤지지 않으며 많은 인기를 끌고 있다. 전통무예는 종종 국제 스포츠의 첫 걸음이고도 한다. 카자흐 전통 쿠레시는 지속적으로 발전하고, 개선되고, 광범위한 대중들 사이에 분배될 기회를 얻고 있다. 국제적인 인정과 배급을 받은 현대식 레슬링 대회를 개최하는 것 외에도 전통적인 무예대회도 성공적으로 개최하고 있다. 레슬링 선수들은 전통 레슬링 기술과 같이 국제 레슬링 기술도 성공적으로 습득하고 있다. 그들은 전통 레슬링 기술의 특성을 살려 그레코로만형, 자유형, 삼보 및 유도로 옮기기도 한다.

이상과 같이 중앙아시아의 전통 레슬링은 전투 기술의 향상과 신체 단련에 효과적인 도구로 활용되었으며, 이 전통 레슬링을 통해 여러 민족의 문화적 정체성과 관련 요소들이 보존될 수 있었다. 중앙아시아에서 가장 인기 있는 전통 레슬링 몇 종류를 면밀히 연구한 결과 유사점과 차이점을 발견할 수 있었다. 특히 중앙아시아의 무형유산이 부분적으로 여러 세대에 걸쳐 보존되어 온 전통 레슬링 등의 전통 스포츠 및 놀이의 영향을 받았다는 것에는 의심의 여지가 없다.

제2부

전통무용

1. 들어가며: 카자흐스탄 전통무용의 문화적 기원

카자흐민족은 20세기 초까지 유목 생활을 보존해왔던 특성을 가진 민족 중 하나이며, 언어와 예술에 있어서도 많은 특징을 살펴볼 수 있다. 서사시나 음악, 미술, 건축들의 흐름은 끊임없이 역동적으로 이어져왔고 시간과 공간의 틀에서 관계를 공유해왔다. 특히 예술에 대한 지식은 자연에 대한 태도나 샤머니즘을 반영하여 그들만의 특성을 생성해왔다. 카자흐민족 문화의 역사를 처음부터 모두 담기는 무리가 있지만, 유목 민족사는 오늘날 카자흐 문화의 모델이자 정신적 토대가 되고 있는 것은 확실하다.

카자흐민족 문화는 시대별 인식에 따라 새롭게 창조되었고 다른 문화와 상호작용 과정 속에서 발전하여 그들만의 예술적 특징을 만들어냈다. 이는 고대 유목민들이 자연과 조화롭게 공존할 수 있는 예술 활동을 해왔던 것과 일치한다. 예를 들어 유목 환경에서의 혹독한 자연에 취약했던 가축들에게 부족들은 창조적인 힘을 가진 주체로 묘사되었고, 가축과 희로애락의 감정을 표현해 내기도 했다.

한편 카자흐스탄의 춤 예술 역시 민족의 시적, 음악적, 민속적 요소와 밀접하게 관련하여 형성되었다. 그들의 정신문화와 미적 감각은 음악 문화를 창조했고 춤의 가치를 특징지을 수 있었다. 따라서 민속 음악 문화는 춤 예술의 형성을 이해하는 데 중요한데, 이러한 음악은 이른바 '박스, 즐라우, 아큰, 쿠이쉬, 앤쉬, 살, 세르'로 불리는 자들이 만들어왔다. 음악은 구비 문학, 전설, 민담 등에서의 단어와도 불가분의 관계이며, 음악적 요소가 있어야만 리듬감과 감정을 실을 수 있다.

특히 카자흐 음악 예술 장르인 '쿠이'의 사례와 이를 행하는 '쿠이쉬'의 창조적인 작품들이 돔브라 연주 문화를 발전시켰으며, 독특한 이미지와 다양한 악기의 이용, 높은 수준의 공연 기술을 이루어냈다. 과거 카자흐 음악인들은 리듬이 있는 이야기를 통해 예술을 표현했고, 악기를 통한 연주를 통해 평가되기도 했다.

이러한 역사적인 맥락은 우리들이 카자흐 민족의 춤을 이해하는 데에 있어서 공연 기술에 대한 연구에만 국한되지 않음을 명시한다. 즉 보다 풍부한 춤 예술의 지식을 습득하기 위해서는 민족적 창의성과 사회적 관습, 정신문화 형성의 토대를 이해하여야 한다. 최근 수년간 카자흐스탄에서는 민족 무용에 대한 관심이 높아졌다. 연구 조사에 따르면, 국내에는 총 1천여 개 이상의 안무 그룹이 있으며, 이 중 많은 그룹들이 '민족'이라는 타이틀을 사용하고 있다. 특히 카자흐 전통 춤 요소는 오페라, 발레, 뮤지컬 등 다양한 레퍼토리에 포함되기도 하며, 민속 안무 네트워크의 확대와 함께 국가적 차원의 춤 교육이 이루어지고 있다.

2. 전통무용의 조화와 특성

춤이란 민족 예술의 가장 오래된 형태 중 하나이다. 민족의 춤은 고대부터 특별한 노동의 모습을 담고 있기도 하다. "그것은 복잡한 발전과정을 거쳤으며, 사회적 형성은 주변 현실에 대한 새로운 양태를 만들어냈다. 또한 예술적 승화는 독특하고 창조적인 고유의 형태를 형성했다."[1] 민족 춤의 발전을 아주 오래전 시기에서 말하면, 카자흐스탄 민족의 사회와 역사를 거슬러 올라간다. 그것은 기원전 7−4세기로 되돌아가야 한다.

"카자흐스탄 공동체는 그리스어와 페르시아어 비문에 '싹'이라는 부족이 오늘날 카자흐스탄 영토에 오기 시기로부터 시작된다."[2] 이런 부분에서 많은 학자들은 탐갈르산과 숄락산의 협곡에서 암석의 형상을 연구했으며, 여기에는 A.P. 오클라드니코프, A.X. 마르굴란, A.H. 베르느쉬탐, K.A. 아크쉐프, A.Y. 쉐르 등의 학자가 포함된다. 이들은 기원전 3−1세기에 살았던 민족들이 기원전 7−4세기에 사카족 부족 동맹으로 통일되고 그들의 사회적 분열의 시기라 했다. 그러한 내용은 골루쉬케비치의 의견에서 찾아볼 수 있다. 이러한 사실은 부정할 수가 없는데, 왜냐하면 고대 유목 부족들은 자신들을 하나의 국가로 간주하고, 국민으로 느꼈기 때문이다.

일반적으로 유목 부족들은 카자흐민족을 포함하여 수세기 동안의 경험과 진리, 초목에 대한 지식과 견해들을 가지고 있다. 고대 유목 부족들은 생활의 방식에 대한 연구, 이해 그리고 그것들과 관련한 재료에 대한 성찰은 창조성을 깊이

1) Сарынова Л.П. 《Балетное искусство Казахстана》. (− А, 1976). 24쪽.
2) Всеволодская-Голушкевич О.В. 《Баксы ойыны》. (− А., 1996). 19쪽

.이해할 수 있게 한다. 자신들의 영토를 지키는 것에도 모든 구성원들이 흔적을 남겼다. 그리고 지도자에게 필요한 것은 지혜로움과 용기라고 했다. 부족장은 부족 협의회에 의해 선출되었고, 파샤(고대에 불렀던 기록)는 군대뿐만 아니라, 경제, 외교, 문화 부문의 일들을 수행해야했다. 파샤의 전통은 유목 부족들의 삶에서 오랫동안 보존되었던 것이다. 이는 몽골 침략 이전까지 오늘날 카자흐스탄 지역에 거주했던 투르크족의 발전 때문이었다.[3)]

또한 K.A. 아크쉐프가 주장한 사카족 전사들의 의복을 복원하면, 고대인들의 영적인 삶, 미에 대한 관점을 이해하는 데에 도움이 된다. 이 옷은 "아래 계층 사람들을 영화롭게 하기 위해 고안되었다."[4)] 또 이 옷의 여러 의미를 알면, 고대 장인들의 작품이 가치 높은 사상을 가지고 있음을 확신할 수 있다. "햇살이 밝은 옷을 만든다는 생각은 그 예술성이 높다는 것을 보여준다. 고대 전사의 개념을 암각화에서 태양과 같다는 유추는 사카족의 영적 삶과 문화에서, 선함의 상징인 태양, 빛, 불이 이미지 인식에 영향을 준 요소인 것이다.[5)]

이러한 내용은 고대 시대의 사람들이 세계를 바라보는 방식과 관련이 있다. "태양의 눈은 사람들을 따뜻하게 하고 모든 생명체에게 생명력을 주며, 고대인들이 두려워했던 어둠을 쫓아냈다. 그래서 태양은 신과 동일하다. 불 역시 야생 동물들이 두려워했고 빛은 사람들의 친구였다. 빛과 불, 태양에 대한 이런 시각들은 태양의 신적 이미지를 설명한다. 모든 것들 중 가장 높은 하늘은 가장 높은 신이고, 불, 물, 공기, 땅 등 모든 것을 움직이게 하고 섞으며, 융합시키는 멈출 수 없는 힘이다. 특히 하늘은 카자흐민족 세계에서 가장 중요한 부분이다.[6)]

3. 고대 무사계층 춤의 의미론적 성격과 특성

그들의 수장에 대한 경외심과 함께 무사계층이 있었던 시기에는 수장이 최

3) Гумилев Л.Н. 《Древние тюрки》. (— М., 1993). 20쪽.

4) Акишев К.А. 《Курган Иссык》. (– М., 1978). 49쪽.

5) История Древнего мира. Т. 1. 《Древний восток》. (– М., 1973). 434쪽.

6) Аязбекова С.Ш. 《Картина мира этноса: Коркут-ата и философия музыки казахов》. (– А., 1999). 104–105쪽

고의 사령관이었으며, 그러한 사령관에 대한 존경심에 앞서서는 하늘의 신(텡으르)이 먼저 표현되었다. 북의 리듬에 맞추어 노래나 음악이 수반되는 동작들은 곧 춤이었다. 강렬한 리듬과 더불어 강인한 손동작으로 원을 그리면서, 그룹으로 연주하면 그 소리가 크게 전파될 수 있었다. 여기에서 타악기와 함께 원을 그리며 걷는 것은 전통적이고 주술적인 의미가 있다. 즉 자신들의 전통에 대한 자신감을 표현하기 위해서 항상 음악 요소가 수반되었다.

전통 악기 제작에 대한 역사 민족학적 사료를 참고하면, 고대 무사계층 춤의 형태와 의미를 알 수 있고 그러한 표현으로 적을 제압했음을 알 수 있다. 동시에 군무라는 것은 그룹의 노력을 이끌어내고 승리를 장려했으며, 하나의 공동 행위를 채택함으로써 상당한 교육적 가치를 창조했다. 그들은 영웅주의와 용기, 도덕적 이상을 강조하기도 했다.[7] 가령 젊은 남성으로 인정받기 위해 어린 시절 말을 타는 용기를 보여주는 전통과 같은 행태는 그 이후 세대에서도 기억되어 왔다. 말을 타면서 다양한 기술을 습득한 청년 남성은 주변 관중들에게도 기쁨을 주었고, 또래들과도 경쟁을 벌였다.

과거 먼 옛날의 리드미컬한 춤에 대해 논할 때, 노래의 유형에 주목하는 것도 의미가 있다. 이러한 춤은 자신들의 땅에 있는 예술의 기원을 보여주고 역사를 반복한다. 태양과 불을 숭배하고, 원을 그리며 태양 아래를 걷는 행동들이 그것이다. 태양의 회전에 의한 안무의 사례는 추코트 민족의 '피키게인 엔', 부랴트 민족의 '예호르', 바쉬쿠르 민족 춤 '투네렉 우이으느'에서 볼 수 있다.[8]

일반적으로 빛과 불을 정화의 의미로 숭배하는 것은 계급과 삶의 방식에 관계없이 보이는 모든 민족들의 공통적인 특징이었다. 고대 투르크 민족들의 합창과 안무는 무사계급 춤의 주술적 특성을 보인다. 그것의 본질은 전사들의 영혼을 불어넣어 신에게 선물을 바치고, 신을 영화롭게 하며 정의를 위한 투쟁의 연장선상에서 의식이 수행되는 것이다. 신은 위대한 존재로 표현되었고 "무사들의 위대한 승자이자 지지자."였다.[9]

---

7) Всеволодская-Голушкевич О.В. 《Баксы ойыны》. (— А., 1996). 21쪽
8) Всеволодская-Голушкевич О.В. 《Школа казахского танца》. (— А., 1994). 22쪽.
9) 《ционная культура кочевников》. (— А., 2002). 53쪽.

투르크 민족 무사에 관한 내용은 바르만쿨로프의 1928년 자료에서 찾아볼 수 있다. 그에 따르면, 사하라 민족들은 용감하고 높은 가치를 지닌 전사들이며, 맹금류와 같은 전투력으로 강대국들과의 전투에서 이길 수 있었다.[10)]

또한 그는 전쟁 역사에서는 노래와 음악이 수반되었다는 점을 유념해 봐야 한다. “타타르 민족들은 그들의 지도자가 북을 칠 때까지는 전쟁을 시작해서는 안 된다.”고 언급한 바 있다. 즉 북을 친 후에 전쟁을 시작하는 것이다. 타타르 민족들은 전쟁을 준비하는 동안 북(나카르)이 연주될 때까지 두 줄 현악기를 천천히 연주하며 전투를 기다렸다. 그들은 전쟁 직전에 멋진 노래와 놀이들을 했다.

훗날 무사계층의 붕괴와 함께 이러한 무사들의 춤은 사라지고, 영웅적 행위에 대한 전설들만이 전해져 내려오고 있다. 그들의 생활 양상과 유사한 유목민들의 삶에는 과거 무사들의 이미지가 영향을 끼치지 않을 수 없을 것이다. 아울러 C.E. 톨르베코프의 평가에 따르면, “유목 민족에서 칸이라는 존재 없이는 영웅이 만들어질 수 없었다.”[11)] 이처럼 모든 사회 제도는 영웅주의라는 공통점을 가지고 이어져 내려온다.

4. 민족 전통과 무용 사이의 조화적 근원과 특성

카자흐 칸 제국 시대에는 중요한 문화적 특성을 볼 수 있다. 주변 삶에 대한 인식, 삶에 대한 세부적인 사건들은 당시 민족들의 정신 의식 발달에 기여하기도 했다. 이러한 양상들은 창의적인 모습들을 빠르게 수용하고, 계승하도록 만들었다. 이러한 전통은 그 특징들을 바탕으로 또 하나의 독자적인 예술 분야를 형성했다.

이렇게 해서 평화로운 삶의 영위는 예술 분야에 반영된 공통적인 현상에의 관심을 불러 일으켰다. 이는 카자흐스탄 무용의 발전을 촉진한 것이다. 의심의 여지없이, 전통적인 춤은 평화로운 삶과 민족의 노력을 상징했다. 과거 춤에서의 예술은 전통이 반영되어 있다. 특히 샤머니즘 의식 관행은 춤의 일부에서 다양한 요소들을 남겼다.

---

10) Всеволодская-Голушкевич О.В. 《Баксы ойыны》. (— А., 1996). 7쪽.

11) Толыбеков С.Е. 《Кочевое общество казахов в XVII-нач. XX вв》. (—А., 1971). 256쪽.

카자흐 민족의 유목생활에서 가장 특수성을 보이는 세 가지 관습은 출생과 결혼, 죽음인데, 그들은 이 요소들을 춤과 함께 조화롭게 표현했다. 출산과 결혼 의식에서의 춤은 고유한 주제를 가지고 있다. 한편 과거 샤머니즘 학교에서 볼 수 있었던 특징들은 오늘날 춤 예술의 새로운 성격의 발현에 기여했다.

슈제트(플롯) 춤은 일상에서의 평화로운 기쁨을 묘사한다. 평화로운 일상 중 가장 밝은 모습은 결혼식으로, 그 본질인 긍정성과 조화의 이미지는 변하지 않았다. 따라서 신랑과 신부의 조화로운 움직임은 젊음의 미와 그 모든 위대함을 구현하는 것이다. 또한 결혼식에 참석한 청년들이 어른들에게 존경을 표하는 행위들은 순종 의식을 보여주며, 평안한 집단의 모습을 나타낸다. 축제에서의 분위기는 자연스러운 동작들과 그 조합이 일치한다고 볼 수 있다. 청년들은 자유롭고, 놀이를 하며 소통하고, 이웃들을 존경하는 모습을 보인다. 이러한 안정된 의사소통 양태는 오늘날 시대까지 이어져 오고 있으며 현대 무용에도 반영되어 카자흐 민족의 특성을 잘 나타낸다.

결혼식에서의 '자르-자르'(혼인 의식 노래에서의 전형적인 동작), '코쉬타수'(신부의 작별), '베타샤르'(신부의 얼굴 공개 의식) 등의 의식은 현대 안무가들에게도 많은 관심을 받는 분야이다. 이것들은 고대와 중세 이전 결혼식에서도 행해졌던 전통의식이다. 아름다운 플롯 구조와 더불어 결혼식을 주제로 하는 현대 무용에서 강력한 극적 효과를 주고 있다.

춤의 요소가 반영된 '코쉬타수'의 진실은 1859년 D.이사예프가 수집한 자료에서 확인할 수 있는데, 결혼식을 위한 신부가 준비하는 전통을 담고 있다. "결혼식을 준비할 때에 손님들과 서로 인사하며 집안에 모이고, 일을 하고 가장 소중한 돔브라와 코브즈의 음운에 맞추어 춤을 춘다."

조화의 요소는 동료들과 부모의 집, 작별 인사를 할 때의 슬픔을 전하는 서정적인 움직임으로 볼 수 있다. '자르-자르'의 작별 의식을 할 때 청년들이 부르는 전통 노래이다. '자르-자르'는 또한 소년과 소녀 사이의 연애 스토리 형태로 표현된다. M.아우에조프는 이러한 의식의 의미를 설명하고 현대 공연에서의 특징을 설명한 바 있다. 이 노래는 소년, 소녀가 함께 부르며, 다른 결혼식 노래와는 달리 가사와 멜로디에 '자르-자르'라는 단어가 포함되어 있다.

소년들은 소녀에게 미안함을 전달하고 부모님을 떠난 후에 후회하지 않는다는 내용을 전하며, 신부가 될 소녀는 자신의 부모님이 신랑의 부모님을 대체할 수 있을 것을 노래한다. 이러한 가사들은 전통적인 형식과 내용을 가지고 있다. 이것이 바로 '자르-자르'의 기본이며, 춤 동작은 노래와 함께 반복 된다. 또한 춤과 함께 잘 짜진 안무의 텍스트는 수반되지 않았다는 점은 유의해야 한다. 모든 동작들은 손에서 손으로, 텍스트 단어들은 내부적으로만 이어져왔다.

대부분 공연자들의 경우, 원의 가운데 가장 윗부분으로 이동하는 동작이 기본적인 단계이다. 또한 연기자들은 소년과 소녀들의 분위기에 맞는 동작을 표현할 수 있다. 이러한 동작들은 본질적으로 카자흐 민족의 전통문화로부터 내려왔다. 그렇지만 그 당시에도 조화라는 요소는 한 가지의 특성이었다. 춤과 노래 제작이 축제 의식의 필수적인 부분이라는 사실은 사람들의 전통문화 패턴에서 살펴볼 수 있다.

사회의 영적, 물질적 삶의 모든 측면에서의 통일성은 민족들의 세계관과 밀접한 관련이 있다. 이는 실생활과 예술 활동 사이의 경계를 제거했다. 이것이 바로 카자흐 민족 춤 예술의 특성이라 할 수 있다.

5. 민속춤의 소재와 민속놀이

춤에서의 소재는 민속 놀이를 그 주제로 하고, 이러한 춤들로 승화되었다. 놀이들은 한 국가의 영적 활동은 물론 삶의 여러 측면을 다룬다. 이와 같은 특성은 '소재와 예시들, 시간과 장소, 모든 구조가 함께 유목민들의 세계관과 물질 문화를 반영한다'는 것이며, 실제로 유목 문화에서 살펴볼 수 있다. 시대와 사회가 변화하면서 놀이의 종류와 내용도 변화했다. 예술 활동과 미적 활동을 담은 엔터테인먼트는 교육, 전사 스포츠, 절차, 의사소통 등 여러 사회적 기능들을 결합했다. 특히 인근 마을 주민들이 모이는 명절 기간에는 시합이 자주 진행되었는데, 각 부족 대표자들 사이에서는 최고의 노래와 최강의 레슬링 선수, 최고의 무용수를 가리기 위한 경합 놀이였다.

흥겨운 춤 공연자들은 모든 음악과 멜로디들을 창조해냈고, 생활환경과 다양한 상태들을 모니터링 하는 것은 그들의 임무이기도 했다. 일상 생활을 기반으로 한 춤들은 종종 희극의 형태로도 나타났다. 또한 사람들의 잘못은 춤 무대에서 굶주림과 게으름의 모습으로 풍자되었다.

청년들의 놀이는 소년과 소녀들 사이의 이해와 우정에 영향을 끼쳤다. 이들은 '크즈 쿠', '알트바칸', '악수이엑', 등의 놀이를 했다. 카자흐 민족들의 유목 생활에 따라 말타기는 부족 구성원들의 힘과 민첩성, 용기를 자극하는 양상으로 나타났다. 말타기 및 경마는 카자흐스탄 영토에 거주하는 고대와 근대 이후의 모든 사람들에게 친숙한 요소이다. 말에 대한 존경심과 말타기에 대한 열정은 오늘날까지도 전통으로 이어져온다. 예를 들어, '알라만 바이게'는 가장 오래되고 인기 있는 장거리 경주 중 하나이다. 이는 키르기스와 우즈베크 민족들에게도 동일한 명칭으로 알려져 있다.

그것은 유목 생활에 대한 필요성과 특히 전쟁 상황에서의 시련 속에서 장기간 여정을 해야할 때 요구되는 모습들이었다. '바이게'는 모든 공휴일에 진행되었으며 참가를 원하는 이들은 모두 참가할 수 있었다. 이는 중앙아시아 지역 모든 민족에게 공통이었다. 예를 들어 키르기스 민족들은 이것을 '차브쉬'라고 불렀으며, 우즈베크 민족들은 '포이가'라고 말했다.

'사이으스'는 가장 큰 휴일에만 열렸던 고대 군사 대회였다. '아우다리스팍'은 서로의 말을 전복시키는 놀이이고 능숙하고 강한 성인 남성만이 참가할 수 있었다. 이러한 경기들은 전체 부족을 대표하여 선정된 사람들이 나갔다. '텡게 알루'는 땅에 있는 동전을 집어드는 승마 예술이다. '쿽파르'는 기수가 다른 기수로부터 염소를 빼앗는 말타기 경기이다.

부족 간 경쟁 놀이로서 이러한 게임들은 범 부족 간 토너먼트로 이루어졌다. 민속 신념과 관습, 서사시, 노래 및 쿠이 등에서 나타나는 카자흐 민족의 영적문화는 말에 대한 숭배 정신을 나타냈다. 또한 청년들은 말을 소재로 하는 많은 춤의 주제를 정의했다. 말에 대한 이와 같은 관점은 말의 움직임과도 관련이 있으며, 춤과의 조화에 초점이 맞추어져 있다.

'카라조르가', '테펭콕', '조르갈라우', '조르가가 옐륵테우'와 같은 것들은 카자흐 춤의 기본이며, 사람들 사이에서도 다양한 버전의 동작이 존재했다. 조화의 언어로 민속 놀이를 묘사하고, 부족 간 서로 다른 특성을 표현했다. 말의 움직임과 그 모습들을 설명하는 춤과의 조합은 수세기 동안 변함없이 유지되어 왔으며, 현재 민속 춤인 '툴파르샤', '캄다마', '쿠스카나트' ,'젤드르메', '샤브스', '테펭 조르가', '테븐그', '트즈근드 주르스', '트즈근데우'와 같은 명칭으로 불리운다.

이러한 춤들은 카자흐 민족들이 말에 대한 신뢰와 동반자적인 사랑의 태도를 보여주고 있다. 카자흐 민족들의 '전사의 친구'라는 문구는 이와 같은 양상을 잘 표현하고 있고 시적 구술 문학에서도 널리 사용되고 있다.

카자흐 민족들은 새끼 말 색깔의 변화를 구분할 수 있는 뛰어난 능력을 가지게 되기도 했다. 아름다움, 근육의 떨림, 비단같은 피부 등과 같은 수식어들은 말에 대한 카자흐 민족의 애정을 잘 보여준다. 이와 같은 문화를 이해한다면 카자흐 민족의 현실과 태도를 습득하는 데에 많은 도움이 될 것이다. 민속 문화를 담고 있는 예술은 자신들의 민속을 알리고자 하는 암시이고, 이것은 곧 카자흐 민족들이 소통하는 일반적인 수단이다.

6. 여성 무용의 민족적 특성

"카자흐 민족 전통의 특성을 통해 음악적 이미지를 연상하는 것은 가능하지 않다. 다른 수많은 동양의 민족들과 마찬가지로 카자흐 민족은 다양한 것에 대한 그들만의 견해를 일방적이고 직접적으로 표현하지 못했다는 것으로 잘 알려져 있다. 따라서 춤의 제스처로 전통적인 카자흐 민족의 특성을 이해할 수 있다."라고 S. Sh. 아야즈베코바는 기록하고 있다.[12)]

이러한 예술적 인식의 가장 생생한 예시는 여성에 대한 묘사라고 할 수 있다. 어린 소녀의 이미지는 하늘의 별과 해, 달처럼 아름답다. '달이라면 입이 있고, 해라면 눈이 있다'. 연약한 몸은 산들 바람에 흔들리는 비단과 같다. 여성의

12) Аязбекова С.Ш. 《Картина мира этноса: Коркут-ата и философия музыки казахов》. (– А., 1999). 17쪽

목소리 또한 보석이며, 봄의 소리와도 같다. 이런 연약한 이미지는 가장 아름답고 유려한 백조를 연상시킨다.

여성의 존재는 자연의 아름다움과 자연 현상에 대한 개념과 연관지어 설명하기도 한다. 각 민족의 특성은 특징적이고 개성이 있다. "러시아인, 핀족, 프랑스인들의 구전 문학에서의 말과 카자흐인들의 말은 서로 동일시될 수 없다. 카자흐 구전 문학에서 여성을 아름다운 말에 비유하는 것은 경의로움의 표시이기도 하다."13)

다음은 이와 같은 예술적 표현들이다.

크즈 지벡의 순백함,
3월의 은빛,
하얀 얼굴의 붉은빛,
하얀 닭의 피와 같은,
두 얼굴의 색깔,
여름의 아름다움,
손목의 아름다움,
하얀 도끼와 같은 목선,
열정을 가진 눈으로
찾고 있던 달을 발견하네.

그 모습을 눈치 채면,
목수가 뛰어가는 듯,
빛의 씨를 뿌리는 듯,
마치 한 마디의 말을 전하듯,
마치 목표에 다다른 듯.

카자흐 민족 소녀의 이 멋진 이미지는 '크즈 쥐벡'이라는 서사시에서 발견할

13) 카라타예프 M. 《미학과 서사시》, (1977), 95쪽.

수 있다. 러시아의 지리학자이자 여행가, 투르크-몽골 민족 연구자인 G. N. 포타닌(1835-1920)이 기록한 카자흐 민족의 민속 이미지는 다음과 같다.[14)]

하얀 이마와 갈색의 머리,
무릎까지 오는 긴 머리,
그녀의 입은 꽃 봉오리와 같고,
치아는 진주 같네.
이러한 아름다움은 세상에 존재하지 않네.
그녀는 앵무새처럼 부드러웠고,
앵무새는 소녀처럼 웃고 있는 듯 하네...

M.카라타예프는 "모든 서사시에서 영웅의 여성은 아름답고, 지적이며, 민첩하며, 투시력이 있고 능숙하고 흠 잡을 곳 없는 충성심을 가진 인물로 묘사되며, 영웅의 모든 행위들에 있어서 제1의 조력자이다. 예를 들어 코블란드의 아내 쿠르트카는 아름답다. 쿠르트카의 외모는 매력적이고 영혼의 아름다움이 있다. 그녀는 비극적인 상황에서도 태양처럼 빛나는 웃음을 보인다."고 기술했다.

모든 전설과 서사시 노래에서 카자흐 민족의 여성은 아름답고, 지적이며 성실하게 표현될 뿐만 아니라, 영웅주의적 관점과 영웅과 같은 힘을 가지고 있다고 표현된다. 고대부터 영웅 서사시는 여성들과 소녀들이 자유와 행복을 위해 남성과 함께 싸우는 스토리를 들려준다. 여성 무용 전통에 있어서 이러한 자취를 남기는 점들은 바로 이러한 과거이다. 우리는 전사들이 끝없는 대초원에서 적과 싸우기 위해 검과 활을 이용한 것을 기억한다.

이러한 전통의 기억은 현대 미술에서 카자흐 민족의 영웅 서사시로부터 영감을 받아 '검을 이용한 춤 추기' 무대 구성의 기초가 되고 있다. 적과의 전투에서 위험한 순간과 국민의 운명, 전쟁의 비극을 시적으로 묘사한다. 고대 카자흐 여성들은 다른 무슬림 여성들에 비해 더 큰 자유를 누렸다. 예를 들어, 카자흐 민족의

14) 《카자흐 민속 모음집》, 1972, 233쪽

대표 놀이는 '크즈 쿠우'는 범 민족적 게임으로, 여성은 남성과 함께 경마를 하고, 여성을 쫓아간 남성은 선물로 손등에 키스를 한다. 이러한 놀이는 과거 영웅이 창으로 상대방 말의 엉덩이를 찔러 전복시키는 모습으로부터 비롯된 것이며, 전사 소녀의 영웅적 이미지를 기억하게 한다.

여성들과 관련한 민속 전설과 신화에는 토미리스 여왕과 쿠르트카 영웅에 대해서도 살펴볼 수 있다. 달빛 아래 저녁, 소녀와 소년은 노래를 불렀고, 불을 건너며 '악 수이엑'이라는 놀이를 자주 했다. 이는 오늘날의 우즈베키스탄 전통놀이에서도 비슷한 형태가 발견된다. 놀이에서의 깃발은 '베타샤르'라는 말로 표현되었고, 말을 탄 기수는 총을 쏘는 것과 같은 동작을 보였다. 또는 소녀가 천천히 들판으로 나아가서 바람에 흔들리는 풀이나 하늘을 날고 있는 새를 비교하는 등 서정적인 이미지로 표현되었다.

많은 카자흐 민족의 이미지는 생명력으로 가득 차 있다. 신체적으로 건강한 사람의 경우 춤 동작을 보여주었고, 특징적인 모습의 춤과 함께 공연자의 자세, 손짓 등은 카자흐 민족의 특성을 잘 나타내었다. 손의 움직임은 카자흐 민속 춤에서 대단히 중요한 역할을 하기도 한다. "이는 기술적이기도 하지만 조화로운 기능을 수행한다."

손의 안무 이미지는 꾸밈 뿐만 아니라, 조화로운 이미지로부터 의미와 내용을 표현하기도 한다. 춤에서 언어는 매우 활기차고 자연스러운 언어이며, 인간의 본질이자 자연의 아름다움을 완성하는 영원한 매력이다. 이와 같이 춤 동작의 개별적인 요소는 모두 조화를 이루고 있다. 동작의 따른 위치는 때때로 의미가 없는 것일 수도 있으나, 특정 내용과 의미, 조화, 상호 작용들을 통해 사람들의 내면을 들여다볼 수 있는 방법이 된다. 민속 무용 공연자에게 과거의 정보는 예술 표현에 있어서 중요한 방향을 제시한다. 즉 무용수에게는 민족적 요소의 표현이 매우 중요하다. 이는 민족과 국가를 구분하고, 민속 춤의 민족적 특성을 드러내는 데에 큰 도움이 된다. 민족들의 역사와 삶을 이해하고 자신의 관점을 정의하는 데에 도움이 되는 경험을 쌓음으로써, 민속 무용과 안무가, 연기자들이 자신들을 창의적으로 표현할 수 있는 것이다. 민속 무용수는 그러한 역사적 사실을 인지하지 못하고서는 자신의 독특하고 창의적인 개성을 표현할 수 없다.

카자흐스탄 무용 우표

Khara-Zhorgha(카라조르가)

유목민 세계에서의 무용은 수천년의 유구한 역사를 가지고 있다. 처음에는 제례의식과 종교 행사의 일환으로 창안되었지만, 시간이 지남에 따라 일상생활에서 흔히 볼 수 있는 형태로 분화되어 전승되어 왔다.

모든 무용은 지역 및 공연 장소에 따라 다양한 방식으로 변화, 발전하였는데, 카자흐스탄, 키르기스스탄이 대표적이며, 카자흐스탄 지역의 경우 광활한 영토로 인하여 카라간다 스타일, Dzhetysu 스타일, 서부 카자흐스탄, Xindian-Uigur 및 몽골 스타일의 카자흐어 댄스 스타일 등 여러 가지 스타일로 무용의 형태가 다양하게 발전하였다.

유목문명권의 전통무용 중 가장 보편적으로 공연되는 장르는 '카라조르가(Khara-Zhorgha, 키르기스: 카라조르고)이다. 카라조르가는 전통적으로 아기가 태어났을 때 이를 축복하는 축제와 같이 행해진다. 아이들은 세상에 태어난 순간, 가정과 사회, 그리고 드넓은 이 세상과 마주하게 된다. 카라조르가는 이 순간을 축복하고, 기념하는 의식과도 같은 무용이다. 특히 유목 민족 세계에서 아이가 태어난 순간은 다양한 제의, 장례와 같은 중요한 종교적 순간 만큼이나 이들의 삶 속에서 중요하게 여겨졌다.

카라조르가는 아동기에도 특히 널리 행해지는데 이 또한 많은 의미를 갖고 있다. 카라조르가를 통해 아이들은 유목민 세계의 구성원으로 육성된다. 카자흐 민족의 아이들은 늘 말을 타는 유목민의 삶의 방식을 이 특별한 무용을 통해 접하고 익숙하게 된다. 이러한 상징성과 중요한 의미 덕분에, 카라조르가는 매우 오랜 기간 동안 가장 대중적인 춤이 되었고, 일반인들에 의해 자주 수행되어 보다 새로운 특징과 스타일이 형성되고 발전하게 되었다.[15)]

15) A. Ismailova, 〈The Origins of the Kazakh Dance Khara－Zhorgha:based on research materials by People's Artist of Kazakhstan Aubakir Ismailov〉. http://ayimcinema.blogspot.com(2018.05.30.검색).

제3부

전통유희

퀵파르(Kokpar, 양 빼앗기)

카자흐스탄 전통유희의 대부분은 유목민 공동체 사회라는 특성으로 인해 말과 함께 하는 유희적 공통점이 있다. 말은 카자흐스탄 시민의 삶에서 중요한 역할을 한다.1) 카자흐스탄 사람들에게 있어 말은 수 천년 전부터 주변의 몽골인들과 같이 공존하면서 가져온 유산이자 삶의 일부이다. 시베리아 남부의 건조하고 추운 대초원의 일부에 사는 사람들의 삶은 척박한 환경으로 인해 매우 치열해야했지만, 그것이 재미가 없다는 것을 의미하지는 않았다. 카자흐민족은 여러 가지 다양한 형태의 말을 이용한 경기와 유희들을 고안했고, 전투부대 병사들이 평시의 훈련차원에서 염소를 두고 싸우는 형태도 만들어졌다.2)

퀵파르는 양 빼앗기 게임으로 카자흐 유목민들이 명절이나 축제가 있을 때 즐겨했던 전통 마상유희로 구분되지만, 실제의 내용이나 형태를 보면 전통 유목 공동체 시기에는 일종의 마상 무예 및 훈련의 성격을 가지고 있었다. 일명 'Central Asian Dead Goat Polo(중앙아시아의 죽은 염소 폴로경기)'라고 불리며 역사는 수백년 또는 수천년 전으로 거슬러 올라간다. 이 유희는 과거 유목사회에서 비롯되었다. 말을 탄 사냥꾼 그룹이 늑대를 죽이고 늑대를 서로 훔치는 놀이를 하면서 서로의 집을 차지할 때다.

1) 강정원, 《세계의 말 문화》. (한국마사회마사박물관, 2009).

2) Traditional Games in Kazakhstan, (study.com) https://study.com(2018.05.31.검색).

중앙아시아 지역의 유목민들이 즐겨하는 경기로, 말을 타고 양을 빼앗아 달리다가 목적지(골대)에 던져 넣는 이 경기는 우즈베키스탄의 몇몇 지역에서는 울라크라고도 불린다. 콕파르는 2개의 팀으로 나뉘어 경기가 진행하는데, 머리가 없고 속이 텅 빈 30－40kg 무게의 염소시체를 반대편에 설치된 골라인을 향해 돌진하여 점수를 획득하는 팀 경기이다.

콕파르(Kokpar)

전통적인 게임 방식은 개인 대 단체전의 형태로 이루어지는데, 최종 1인의 승자가 나타날 때까지 경기에 참여한 모두가 가장 앞서는 개인의 우승을 막기 위한 형태로 진행된다. 이러한 과정은 유목공동체에서 가장 말을 잘 타면서도 뛰어난 신체능력을 지닌 개인의 우승으로 이어졌기 때문에 자연스레 유목공동체의 지도자 후보를 가려내는 기능을 하며, 승마와 힘겨루기가 매우 탁월한 개인과 이를 저지하는 또 다른 개인들의 집합의 형태로 이루어져 평시 유목공동체의 전사들의 훈련이라는 성격도 가지고 있다.

중앙아시아 독립이후 콕파르는 국제적인 확산과 표준화의 형태로 유목전통을 이어받은 국가들의 전통 스포츠 경기로 변모했다. 따라서 매년 또는 격년으로 유목전통권에 속했던 유라시아 대륙의 국가들이 주최하는 세계유목민 경기대회 등에서 주요한 단체전 경기종목으로 자리 잡았다.

전통적인 콕파르에서는 광활한 초원지대 전체를 활용하였기 때문에 말을 타고 달릴 수 있는 공동체의 영역 전체가 경기장이라 할 수 있는데, 오늘날에는 경기장내에서 하는 형태로 변화된 특징을 보이고 있다. 말을 탄 참가자들이 두 편으로 팀을 이루며, 한 팀의 선수가 말을 타고 상대 진영으로 이동하는 동안 죽은 염소의 몸을 잡고 들어 올리며 지정된 목표로 염소를 던지기 위해 300－400m 필드를 가로 질러 타고 간다. 다른 팀은 상대방이 가지고 있는 염소를 가로 채 이를 상대편 진영으로 옮겨 점수를 따내도록 하는 형태인데, 진영대신 커다란 골대를 만들어 그 안에 염소의 몸을 넣도록 하는 형태로도 진행된다.

이러한 과정에서 말을 타고 있는 기수는 민첩성, 강도, 정확성, 안장에 머물 수 있는 능력을 보여야하며, 전통공동체 시대에는 우승자인 최후의 1인이 나올 때까지(즉 경기의 모든 참가자들이 모두 1인의 탁월한 승마능력과 힘을 인정할 때까지) 시간제한 없이 진행되기도 한다. 그러나 오늘날에는 시간을 제한해서 라운드 경기 형태로 일종의 득점 경기 형태로 현대스포츠화 되고 있다. 콕파르는 카자흐 민족의 삶에서 커다란 중요한 역할을 한다. 이러한 게임들에 참가하는 기수들의 영혼에 좋은 기운을 불어넣고, 힘과 민첩성, 그리고 지구력을 기르는 기회로 작용한다.[3)]

이러한 마상 경기는 우즈베키스탄뿐만 아니라 카자흐스탄, 키르기스스탄, 아프가니스탄, 타지키스탄, 카라칼팍족 등 이웃 국가들에서도 인기 있는 스포츠 중 하나로 꼽힌다. 오늘날의 현대스포츠 형태로 규격화된 콕파르 경기는 각 팀별로 17명으로 구성된 두 개의 팀이 참가하는데, 팀은 선수 12명, 감독 1명, 코치 1명, 경주마(馬) 관리인 3명으로 구성되어 있으며, 대회참가에는 나이제한이 있어 18세

3) ANUR TOUR, central asian travel agent, http://www.tourstokazakhstan.com(2018.06.21. 검색).

이상의 선수만이 참가가 가능하다. 또한 예전에는 경기를 진행함에 있어 경기도구로 머리가 잘린 늑대나 새끼 염소, 송아지의 몸통을 사용했지만 현재는 머리를 자른 양(羊)의 사용이 보편화 되고 있다. 경기의 득점방법은 말을 이용해 머리를 자른 양을 흙과 돌로 만든 골대에 넣으면 1점을 획득하게 된다. 이 경기는 세계유목민대회 등에서 중요한 경기종목 가운데 하나를 차지하고 있으며, 특히 전통명절 시기에 이를 즐기는 카자흐스탄에서는 전통민속 종목의 보호 및 육성 측면에서 국영방송의 문화채널 등에서 매우 빈번하게 경기 중계를 접할 수 있다.

퀵파르는 다른 선수들의 채찍질을 막기 위해 누빈 면 겉옷과 바지를 입어야 하며, 기수들은 머리보호대를 착용해야 한다. 또한 상대를 뒤에서 공격하거나 말을 잡아 끌어당기는 것은 금지되어 엄격한 규칙을 적용하고 있다. 기병들의 경기장면을 보면 서로 염소(공)를 가지고 경쟁하는 것은 가능하다고 생각되지만, 신체접촉 등의 육체적인 공격은 좋지 않은 모습으로 비춰지고 있다. 관중들은 옆에서 경기상황에 대해 지시할 수 없으며, 관중들은 자신의 선수들을 돕거나, 상대선수를 방해하는 것 역시 금지되어 있다.

퀵파르 경기는 60분간 계속되며, 매회 20분씩 지속되고, 다른 팀들보다 더 많은 염소의 시체를 골대에 넣는 팀이 승리를 하게 된다. 또한 가장 많은 염소의 시체를 넣은 기병은 그 경기의 우승자(챔피언)가 된다. 이 대회의 우승자는 상품을 받게 되는데 옛날에는 화려한 양탄자, 황소, 양, 염소, 비싼 직물 등을 받았으나, 현재에는 가전제품이나 자동차를 받기도 한다.

크즈퀴유(Kyz kuu, 처녀 따라잡기)

카자흐민족의 전통유희는 사실 매우 흥미롭다. 카자흐민족 전통과 로맨스가 합쳐진 경우가 많다. 유목민의 활동 중 많은 부분에서 말과 함께 한다. 다른 민족의 역사와 마찬가지로 이들의 역사도 전쟁을 통해 습격을 받은 일이 있으며 종종 남자들이 여자를 말에 태워 잡아 갔다. 이 게임은 그러한 역사를 기반으로 한다. 이 게임을 설명하자면, 말을 타고 가서 키스를 얻어내는 것이다. 여자가 말을 타고 전속력으로 달려가고 남자가 여자를 쫓아가서 잡게 되면 키스할 기회가 생긴다. 만약 남자가 여자를 잡지 못한다면 시작점까지 여자에게 채찍을 맞으며 돌아가게 하도록 했다는 점에서 여성과 남성의 유목공동체내 위상이 정주전통공동체의 위계적인 구조와는 대비되기도 한다.

이 게임은 유목민들이 다른 종족의 여자를 훔쳐오는데서 유래한다. 처녀 따라잡기 전통에 따르면 이 놀이는 결혼과도 관련 있다고 볼 수 있다. 옛날에 남자가 여자랑 결혼하고 싶은 경우 먼저 말 타는 능력을 보여 줘야 했다. 쾩파르 전까지 이 놀이는 격렬한 경기적 성격보다는 유희적 수단으로 성행했는데, 카자흐 부족뿐만 아니라 과거 몽골 후예의 제국 시기에 같은 공동체에 속했던 투르크 킵차크에 속했던 유목공동체들에서는 공통적으로 행해졌는데, 크림타타르 민족의 전통민속에도 같은 놀이가 있다.

크즈퀴유(Kyz kuu)

카자흐어로 크즈퀴유(kyzkuu)의 단어적인 의미는 '여자 잡기' 이다. 두 명의 남녀로 구성된 기수가 참여한다. 대회를 시작하기 위해 여자기수는 남자의 뒤에 일정한 거리를 두고 서 있다. 여자 기수가 먼저 최고 속도로 달려 나가면 남자 기수가 뒤늦게 출발하여 이를 따라 잡기 위해 필사적으로 달리는데, 결승선에 여자 기수가 도달하기 전까지 남자 기수가 이를 추월하면 여자 기수에게 키스할 권리가 주어지며, 남자 기수가 여자 기수를 추월하지 못하면 출발선으로 되돌아가는 동안 여자 기수는 남자 기수를 말채찍으로 때리도록 페널티 규정이 정해져 있다.[4]

4) Abazov, Rafis, 《Culture and customs of the Central Asian republics》. (Westport, Conn.: Greenwood Press, 2007).

바이가(Baiga, 말 경주)

말 경주는 카자흐민족의 오래된 전통유희 중의 하나이다. 장거리 경마경기는 몽골의 전통유목문화에서도 발견되는데, 이러한 바이가(Baiga)와 같은 말 경주를 통해서 카자흐민족 공동체에는 몽골 유목민 전통이 상당 부분 잔존되고 있음을 알 수 있다.

카자흐인들은 주로 이 바이가를 공동체 전체가 참여하는 큰 잔치와 축제, 국경일에 개최했다. 바이가는 말을 타고 짧거나 약 100km정도의 긴 거리를 달리는 경기로, 카자흐 유목민들이 말의 지구력을 기르기 위해 시작되었다고 한다.

전통적으로는 7－14세 남자 아이들이 참가하지만 전문 기수 간의 경기가 개최되기도 한다.[5] 카자흐스탄의 휴일과 축제에는 말경주와 놀이가 벌어지는데, 가장 인기 있는 종목이 바이가이다. 경마는 거리에 따라 다양한 종류의 경주가 있다. 바이가는 카자흐스탄에서 말과 관련된 경주 중 매우 인기 있고 성행되는 놀이로, 장거리 및 중거리, 크로스 경주가 있는데, 종목별 달리는 거리는 7km, 12km, 16km이다. 일반적으로 경마는 말의 양과 품종을 제한하지 않으면서 자연 장애물이 있는 평원에서 개최된다. 기수의 의상은 전통적으로 흰 셔츠와 머리에 묶인 빨간 스카프였고 경품으로 다른 비싼 직물, 재료, 유르트, 가축 또는 돈이 주어졌다.[6]

---

5) Soma, Takuya, 《Horse－Riding Falconry in Altai－Kazakh Nomadic Society》. 32(Journal of Human and Animal Relation, 2012), 38-47쪽.

6) S. Almatykitap, 〈Baiga:Horse and sports competition of Kazakhs〉. (SilkRaod Adventure,

바이가(Baiga) 기념 우표

바이가는 카자흐 민족의 전통놀이 가운데 몽골적인 특성이 매우 두드러지게 나타나는 유소년 경기 종목 가운데 하나이다. 또 카자흐의 전통 사회에서는 말을 잘 다루는 남성을 어린 시절부터 키워내기 위한 측면도 내포되어 있었다는 것을 보여 준다.

2006), ttp://silkadv.com/en/content/baiga (2018. 6. 30. 검색).

쿠미스 알루(Kumis alu, 동전 줍기)

카자흐어로 이 놀이의 뜻은 동전 줍기이다. 기수가 말을 탄 채 허리를 굽혀 동전 또는 손수건을 집는 놀이로 동전을 많이 집는 선수가 이기는 유희이다. 이 경기는 2,300년 전 알렉산더대왕 군대가 남부 스텝지역을 휩쓸고 지나갈 때, 그에게 강한 인상을 주었던 경기로도 알려져 있다. 쿠미스 알루는 쿽파르, 바이가, 크즈퀴유에 비해서 인기도는 떨어지지만 카자흐스탄 전통축제인 나우르즈 기간에 행해진다.

카자흐스탄과 유사한 이웃 민족인 우즈베크민족에서는 이를 트이은 엥메이(Tyiyn Engmey)로 불리는데, 말과 관련된 경기 중 가장 어려운 경기로 꼽힌다. 트이은 엥메이도 역시 그 의미는 '동전을 줍다'라는 뜻으로, 땅에 있는 빨간색 또는 파란색 천으로 묶은 동전을 약 1킬로미터 떨어진 곳에서 말을 타고 달려오며 줍는 경기이다. 경기가 어려운 만큼 규칙에 따라 한 선수마다 세 번에서 다섯 번 정도의 기회가 주어지며, 경기의 승패를 결정하는 요인은 동전을 줍는 횟수뿐 아니라 말을 타고 달리는 속도, 말을 타는 자세 등도 영향을 미친다.

쿠미스 알루는 말을 자유자재로 능숙하게 제어하는데 목적을 두고 있는 놀이라고 할 수 있다. 이는 주로 마을에서 청소년들이 행했던 놀이로 축제나 명절에 빠지지 않고 등장하며, 재미있는 점은 한국의 제주도 지방에도 유사한 민속놀이가 전해져 내려온다는 점이다. 한국에서 하는 유사한 놀이는 말을 타고 달리면서 바닥에 놓인 헝겊, 화살, 접시 등을 집어 올리는 놀이로 '말 타고 달리면서 물건

주워 올리기'로 알려져 있다.

쿠미스 알루나 트이온 엥메이는 오늘날 특히 카자흐스탄이나 우즈베키스탄의 서커스에서 전통 곡예의 한 형태로 공연되기도 한다.

앙쉬르크(Angshluk, 매사냥)

카자흐인에게 있어서 말을 다루는 경기 외에 매(Berkut)를 사육해 벌이는 앙쉬르크(Angshluk, 매사냥)는 또 다른 특별함이며, 흥분을 유발시키는 유희다. 현대에 와서 사냥은 자주 보기 힘들기 때문에 더욱더 특별하게 여겨지는 놀이가 되었다. 현재 카자흐 민족의 매사냥 원형은 서몽골 지역 또는 러시아 알타이 지역의 카자흐 소수민족 공동체에 잘 보존되어 있는데, 이러한 원형이 카자흐스탄으로 확산되어 현재는 카자흐스탄에서도 매사냥 전통을 계승하는 전통장인들의 활동으로 인해 카자흐스탄을 대표하는 체험 관광상품의 하나로도 자리잡고 있다.

이러한 매사냥은 과거 중국 송나라시대의 북방 유목민인 거란족에 대한 기록 및 그림 자료들에서도 잘 나타나고 있다. 따라서 고대 북방유목민족에서 분화한 오늘날의 카자흐, 키르기스 및 북카프카즈 지역의 공동체들에서 계승되고 있는 전통놀이로 카자흐 민족이 소수민족으로 집단 거주하고 있는 서몽골, 러시아 알타이 일부 지역, 카자흐스탄 및 키르기스스탄, 투르크메니스탄, 일부 중동 지역 등에서 접할 수 있다.

이는 카자흐 민족 및 여러 북방 유목민족의 기원이 고대 투르크 및 몽골제국 이후에 유입된 유목민 공동체들임을 보여주는 문명사적인 입증 자료 가운데 하나라 할 수 있다.

베르큿치(Berkutchi, 매사냥꾼)

카자흐스탄 및 키르기스스탄에서는 독립 이후 이를 체험 관광산업의 일환으로 활성화시키기 위한 적극적인 노력을 펼쳐, 과거보다는 쉽게 접할 수 있으며, 계승과 관련해 인력을 확대시키기 위한 노력이 해당 정부의 전통문화 유산 계승 및 활성화 차원에서 이어지고 있다. 키르기스스탄에서는 이를 살부룬(Salburuun)으로 부르고 있으며, 이러한 종목들은 세계 유목민 경기대회의 세부종목에도 포함되어 있다.

그러나 우즈베키스탄을 구성하고 있는 여러 지역 가운데 상대적으로 유목공동체 지배층이 잘 계승된 히바를 중심으로 하는 호레즘 지역에서 그 유산들이 특히 유목민 집단 거주 지역을 중심으로 아직까지 일부가 남아있지만, 현대 우즈베키스탄을 대표하는 전통문화로 소개되고 있지는 않는다.

이러한 매샤냥의 특징은 바로 어린 매(Berkut)을 잡아 조련하여 익숙하게 다루는 기술에 있다. 카자흐인만이 날개폭이 약 3m, 무게가 약 7kg이나 되는 새를 이용한다. 눈과 바람으로 둘러쌓인 스텝지역에서 날카로운 부리와 발톱을 가진 매를 자신의 손 위에 사뿐히 내려앉게 만드는 것은 이곳 남성들이 성취해야하는 일이다.

매의 조련과정은 끝없는 인내를 요구한다. 우선 매의 새끼를 중가르 분지나 알타이 산맥의 외딴 지역에 위치한 매의 둥지에서 어린 새끼를 가져와서 베르쿳치(Berkutchi)로 불리는 조련사 겸 매사냥꾼은 지속적으로 매와 상호 의존적 관계를 이어간다. 베르쿳치는 새끼 매를 조련할 때 키우던 양을 희생시킬 각오를 해야 한다. 어린 매에게 몇 주 동안 머리에 두건을 씌워 앞을 보지 못하게 하여 주인에게 복종을 하게한다. 이렇게 형성된 베르쿳치와 매 사이의 친밀감은 일생에 거쳐 신뢰로 이어진다. 건강한 매라면 20년에서 그 이상의 생명력을 갖는다. 일정기간 주인을 위해 매 사냥에 이용된 매들은 주인인 베르쿳치가 고령으로 더 이상 매 사냥을 할 수 없는 나이가 되면 다시 자연으로 되돌려 보내진다. 대신 이를 계승하는 새로운 젊은 베르쿳치는 어린 매의 확보, 공감대 형성 및 훈련 등의 과정을 반복하게 된다. 스텝지역에 사는 카자흐인의 매는 용맹함과 건강을 통한 장수, 완벽한 몸통 자태를 최고로 여기는데,[7] 이로 인해 역시 매사냥을 즐기는 아랍의 부호들을 위해 카자흐스탄의 매사냥용 매가 국제적인 밀수출 대상으로 선호되기도 했다.

---

7) 김일수, 앞의 책, 246－249 쪽.

알티바칸(Altybakan, 그네뛰기)

알티바칸은 '카자흐민족 그네뛰기'라 하며 카자흐민족의 전통 축하행사 및 유희 문화 가운데 하나이다. 젊은 사람들이 저녁에 둘러 모여 노래와 오락을 즐긴다. 알티바칸은 카자흐 민족 전통에 있어 중요한 부분을 차지하는데 부모들은 젊은 사람들의 유희 문화를 선호하지 않아서 특히 알티바칸의 경우 많은 부모들이 딸들의 참가를 꺼린다. 그러함에도 불구하고 많은 젊은이들이 여전히 좋아하는 민속적 유희이며,[8] 이로 인해 주요 공공 위락시설이나 놀이공원에 가면 전통놀이 체험을 위해 알티바칸이 설치되어 있는 경우를 쉽게 찾을 수 있다.

알티바칸은 한민족의 전통 그네뛰기와도 비슷하면서 차이점을 보이는데, 바로 발 받침대가 한민족의 전통 그네뛰기는 발 받침이 양쪽 기둥을 연결하는 가로축과 평행하게 놓여있는 개인 놀이의 성격을 가지고 있는 반면, 카자흐민족의 알티바칸은 발 받침이 양쪽 기둥을 연결하는 세로축과 수직으로 교차되도록 길게 만들어져 있어서 여러 사람이 동시에 참여하는 단체 놀이의 특징을 가지고 있다.

이러한 그네뛰기 형태의 놀이는 중앙아시아의 인접한 다른 유목민족인 키르기스민족, 투르크멘민족의 전통문화 및 놀이에서도 유사한 형태로 계승 및 발전이 이어지고 있는데, 특히 투르크멘 민족에서는 전통 새해맞이 축제인 노브루즈(Novruz) 기간에 행해지는 것을 쉽사리 접할 수 있다.

---

8) National digital history, 〈Traditional life in the steppe: National games of Kazakh Poeple〉. http://e-history.kz/en/publications/view/1513 (2018. 6. 3. 검색).

카자흐인들은 가축과 가깝게 살았기 때문에 양이나 가축의 뼈들을 장난감으로 여겨 다양한 놀이들을 즐겼다. 그 중 대표적인 유희로 악 쉬예크(Ak Suyek, 하얀 뼈놀이), 아이고랙(Aigolek, 꼬리잡기)이 있는데 그 내용은 다음과 같다.

악 쉬예크(Ak Suyek, 하얀 뼈놀이)

악 쉬예크(Ak Suyek)는 보통 달이 밝은 여름밤에 행해진다. 이 유희는 젊은 기병, 여성 및 어린이들이 놀이에 참여한다. 이 놀이의 주요 목적은 소의 뼈를 찾는 것이다. 놀이의 참가자를 두 그룹으로 나눈다. 그리고 던지는 사람이 뼈를 던지고 "뼈를 찾아라"하고 명령을 내리면 모두가 뼈를 찾는 방법으로 거행된다. 뼈를 찾은 사람은 큰 소리로 "나는 찾았다!"라고 외치고 출발 방향으로 달린다. 이때 다른 참가자들은 그를 따라 잡아야 한다.

아이고랙(Aigolek)

아이고랙는 전통유희에서 유래되었으며 봄이나 초여름에 들판 같은 곳에서 즐긴다. 10대의 아이들 또는 젊은 남녀가 참가하며 두개의 공평한 그룹으로 나눈다. 서로 손을 잡고 아이고랙(Aigolek)노래를 부르며 상대팀에서 필요한 사람을 요청한다. 그러면 상대팀에서 다른 사람의 이름을 불러주며 노래를 부른다. 호명된 사람은 상대팀의 약한 연결점을 찾아 손이 연결된 것을 끊으러 간다. 만약 실패한다면 그 그룹에 남게 된다. 상대팀에 아무도 끊어버릴 연결점이 없을 때까지 계속된다.[9]

이 유희는 한국 사람이라면 어린 시절에 즐겨했던 '우리 집에 왜 왔니?'랑 비슷하다. 참가자들은 두 팀으로 나눠서 팀별로 손을 연결하여 잡고 일정한 거리에서 서로 마주 본 채 시작한다. 상대팀에서 한명의 플레이어를 선택하여 자신의 팀으로 포함시켜 열을 완성할 수 있다.

9) Dana Jeteyeva, Yerkebulan Dzhelbuldin, 《Traditions and Customs of Kazakhs》. (Author House UK, 2014), 78쪽.

📖 인용 · 참고문헌

2020년도부터 Corona－19의 범유행으로 카자흐스탄 현지 답사 및 출장이 어려운 상황에서 자료 수집이 거의 불가능했으며 현지 인력 활용에도 한계가 있어 새로운 사료의 수집이 어려운 상황이었다는 점을 참작해 주기 바란다. 부족하나마 일부 자료를 소개하고자 한다.

《카자흐 쿠레시(레슬링)》는 카자흐스탄에서 카자흐 민족의 전통 씨름인 '카자흐 쿠레시'에 대한 관심이 높아짐에 따라 카자흐스탄 공화국 문화 · 정보부 정보 · 기록원위원회의 "사회적 중요 유형의 문헌 출판" 프로그램의 일환으로 2012년에 출판되었다. 교재가 출판된 이후 카자흐스탄 교육부에서 슈콜라(초·중·고등 학교) 및 특수학교의 교과서로 채택하여 사용되고 있다. 본 교재에는 카자흐 쿠레시의 역사뿐만 아니라 카자흐 쿠레시를 습득 및 교육하기 위한 기초 훈련, 기술 훈련, 심리 훈련 방법 등이 기술되어 있다. 다른 민족의 전통 씨름과 마찬가지로 카자흐 쿠레시 역시 그 역사가 깊지만 경험이 많은 전문 강사와 교육 방법을 담고 있는 문헌이 부족한 현실이다. 따라서 카자흐 쿠레시를 배우는 학생들을 비롯해 코치, 교수 모두에게 도움이 될 수 있는 교재로 활용가치가 높은 교재라고 할 수 있다.

《카자흐 전통놀이들(ҚАЗАҚ ҰЛТТЫҚ ОЙЫНДАРЫ)》은 카자흐스탄의 전통놀이와 동요들, 관련된 이야기들을 수록한 책이다. 카자흐 전통놀이 연구에 헌신한 바자르벡 웨르텐바이울르(Базарбек Өртенбайұлы)를 필두로 한 연구가들은 놀이들을 수집하고 집대성하였다. 카자흐스탄의 놀이에는 중요한 2가지 특징이 있는데 하나는 고대로부터 전래된 놀이들이 민족성의 형성과 상호 영향을 끼쳤다는 것이며, 두번째는 1991년 카자흐스탄 독립 이후 민족성 회복을 위한 연구의 주제가 되었다는 것이다. 모든 문명권에서 그렇듯, 전통놀이는 그것이 향유되는 문화를 배경으로 형성된다. 카자흐 초원은 19세기까지 유목 문화권이었고, 따라서 유목적 특색이 두드러지는 놀이들이 나타났다. 더불어 전통놀이는 단순히 아이들의 향유물에 그치지 않고, 그들이 성년이 되게 하는 교육적 용도와 유목 사회가 향유하는 스포트적 요소까지 확장 되었다. 가축이나 그것의 부산물을 이용한 놀이들, 넓은 들판에서 행해지는 놀이들, 기마 경주에서 착안된 놀이 등 책에 수록된 놀이들은 카자흐 유목민족의 특색을 지니고 있다.

1991년 소련에서 독립한 카자흐스탄은 그와 더불어 카자흐 문화 복흥운동을 시작하였고 이는 교육, 문화, 사회 등의 방면으로 뻗어 나갔다. 러시아 제국 및 소비에트 연합 시절 손실해 온 유산들을 복원하여 자주적인 카자흐스탄 공화국을 만들자는 의도였다. 가장 주요한 방향으로는, 기존의 러시아 체제에서 벗어나기 위해 러시아어에서 벗어나 카자흐어로 학문을 시작하였다는 점이다. 국가적, 민족적 중요한 심볼이 되는 역사, 언어, 문화가 그 주요 대상이었고 카자흐 전통놀이들은 그 소주제 중 하나가 되었다. '카자흐 전통놀이들'의 출판사인 발라우사 바스파스(Балауса баспасы)는 이러한 주류에 형성된 출판사이며 위 책과 더불어 카자흐스탄의 옛날 이야기, 전설, 격언을 주제로 한 책들을 출판하였다. 전통놀이는 사회에서 민족, 국가를 배경으로 형성되고, 그것을 향유하는 민족의 정신적 바탕이 되어 주는 산물이다. 따라서 카자흐 전통놀이들 또한 카자흐 유목 민족이 살아온 정수를 지니고 있으며 현대까지 계승되어 오고 있다. 독립 후 카자흐스탄은 민족적 자긍심을 회복하기 시작하였고 그 대상에는 전통놀이들이 포함되었다. 따라서 이 책은 카자흐스탄의 전통놀이를 소개하면서 현대의 카자흐스탄의 전통성 회복을 위한 노력이 담겨져 있다고 볼 수 있다.

《카자흐 춤의 역사》는 카자흐 민족의 민속 춤에 대하여 그 기원부터 오늘날까지의 양상을 통시적 관점으로 서술한다. 카자흐 민족은 20세기 초까지 유목 생활을 보존해 왔던 특성을 가진 민족 중 하나이며 언어와 예술에 있어서도 많은 특징을 살펴볼 수 있는데, 특히 전통 춤 예술은 민족 문화의 원천 중 하나로, 독특한 민족적 색채가 녹아 있는 예술이라고 할 수 있기 때문이다. 이 책에서는 카자흐 춤이 카자흐 민족의 시적, 음악적, 민속적 요소와 밀접하게 관련 있다는 것을 전제로 내용을 전개한다. 이를 바탕으로 하여, 카자흐 춤을 발전시킨 인물들이나 무대 요소, 대표적인 악기들까지 전반적인 내용을 다루고 있고, 카자흐 민족만의 특성을 가진 춤에 대해 구체적인 정보를 제공하고 있다.

한편 이 책은 예술을 다루는 특수 중등학교 학생들과 안무 전공 학생들을 대상으로 제작되었다. 통시적인 구분은 역사학과 예술사, 과학자들의 현대적 데이터를 고려한다. 이 책의 1부에서는 고대 카자흐 민족의 민속 예술과 초기 춤의 형성을 다룬다. 따라서 문학적 기초뿐만 아니라, 정신문화에 대한 분석을 바탕으로 고대의 춤 문화가 어떠한 조화를 이루어 냈는지 의미를 탐색해 본다. 특히 '박스(Baksy)'와 박스 안무의 사례는 그 역사적 의미가 매우 크다. 2부에서는 19세기 중반까지 카자흐 민족 춤의 형성과 발전을 집중적으로 조명해 본다. 특히 카자흐 민족의 창조적 유산이라 할 수 있는 문학과 음악 문화의 전통을 토대로 하는 관점에서 춤 문화의 가치를 알아본다. 3부에서는 19~20세기 카자흐 춤의 발전 양상을 분석해 본다. 그리고 민속 무용수와 근대 무용, 발레까지의 확대도 언급한다. 4부에서는 1940~1990년까지의 기간을 다루게 될 것이며, 국내 주요 안무 그룹과 작품들을 분석하고 예술가들의 정보에 대해서도 살펴본다. 마지막 장에서는 지난 10년 간 국가 춤 발전의 동향을 분석해 보고 세계 공동체에서 카자흐 안무 예술의 위상을 평가한다.

카자흐스탄 전통무예, 무용, 유희의 선행연구 - 저서, 국내/국외논문

저자	단행본/학술논문	발행지/발행처	연도
강정원	세계의 말 문화	한국마사회마사박물관	2009
국립중앙박물관편	(동서문명의 십자로)우즈베키스탄의 고대문화	국립중앙박물관	2009
김대성 외 12인	중앙아시아학 입문	한국외국어대학교 출판부	2009
김일수	(중앙아시아의 거인)카자흐스탄	궁리출판	2010
박상남	현대중앙아시아	한신대학교출판부	2010
박상남, 나탈리야 카리모바	역사속의 한국과 중앙아시아	이매진	2003
윤이흠, 김필영, 김게르만, 김일겸 공편자(Kazhibekov, Erden Zada-uly 저)	카자흐스탄의 문화와 역사	강남대학교출판부	2003
이용식	중앙아시아의 음악문화	민속원	2014

저자	단행본/학술논문	발행지/발행처	연도
장준희	문명의 실크로드를 걷다: 중아아시아 역사 문화 기행	청아	2012
최한우	중앙아시아연구	펴내기	2003
현승수 옮김(間野英二 外著)	교양인을 위한 중앙아시아사	책과 함께	2009
Yokubov Jakhongir	한국과 우즈베키스탄의 문화 비교 연구	미간행 석사학위논문(중부대학교인문산업대학원)	2016
Abazov, Rafis	Culture and customs of the Central Asian republics	Greenwood Press,	2007
Dana Jeteyeva, Yerkebulan Dzhelbuldin	Traditions and Customs of Kazakhs	AuthorHouse UK	2014
Friedrich Eppensteiner	Der Sport: Wesen und Ursprung: Wert und Gestalt	Reinhardt Verlag	1964
Líūdmila Rostislavovna Avdeeva	O'zbek milliy raqsi tarikhidan: kitob. Qadimiy zamonlardan 2000-yilga qadar o'zbek an'anaviy raqs san'ati	Uzbekraks	2001
Makhmudova M. F., Solodnikova L. G.	Specification of national traditions in culture of Uzbekistan	영남대학교 민족문화연구소 학술대회(영남대학교 민족문화연구소)	2006
Мурат Турарович Лаумулин	История Казахстана и Центральной Азии	Дайк Пресс	2001
Paul Bartlett	Wrestlers Horsing Around in Kazakhstan	eurasiannet, Jun 17	2014
S. Kushkarov	O‘zbek jang san’ati	O'zbekiston	2003
Описание Киргиз	Кайсацких орд и степей.	СПб.	1832
Винников И.Н.	Легенда о признании Мухамеда в свете	этнографии: Сб. ст. С.Ф. Ольденбургу. – Л.,	1934
Косвен М.О. Матриархат.	Этнографические материалы	Yченые записки МГY. – Вып. 61, История. – Т. 2	1940
Валиханов Ч.Ч.	Сбор. соч. в 5 т.	– А	1961
Валиханов Ч.Ч.	Тенгри (бог). – Сбор. соч. – Т. 1.	– А	1961
Михаилов Т.М.	К вопросу о шаманизме и шаманской поэзии	еория проблемы восточной	1967

저자	단행본/학술논문	발행지/발행처	연도
		литературы. – М	
Толыбеков С.Е.	Кочевое общество казахов в XVII–нач. XX вв.	– А	1971
Каскабасов СЛ.	Казахская волшебная сказка.	– А.: Наука	1972
Кольцов Петр Михайлович	История Древнего мира. Т. 1. Древний восток.	Калмыцкий государственный университет	1973
Окладников А.П.	Петроглифы Байкала	Новосибирск	1974
Сарынова Л.П.	Балетное искусство Казахстана.	– А	1976
Акишев К.А.	Курган Иссык.	– М.,	1978
Переводчиков Е.В., Раевский Д. С.	Еще раз о назначении скифских наверший//Средняя Азия и ее соседи в Древности и Средневековье.	– М.	1981
Раимбергенов А.	Аманова С. Куй кайнары. — А.,	– А	1990
Гумилев Л.Н.	Древние тюрки.	— М	1993
ред. Елемановой А	Казахская музыкальная литература.	– А	1993
Всеволодская-Голушкевич О.В.	Школа казахского танца.	– А	1994
Всеволодская-Голушкевич О.В.	Баксы ойыны.	– А	1996
Мамбетова Л.	Истоки зарождения танцевальной культуры Казахстана.	– А	1997
Аязбекова С.Ш.	Картина мира этноса: Коркут-ата и философия музыки казахов.	– А	1999
Заурбекова Л., Жуманова Г.	Мировоззрение кочевников. Сб. Тради- ционная культура кочевников.	– А	2002
Soma, Takuya	Horse-Riding Falconry in Altai-Kazakh Nomadic Society	Journal of Human and Animal Relation	2012
帯谷知可	伝統遊戯とスポーツ, 演劇·舞踊(『ウズベキスタンを知るための60章』)	明石書店	2018
宇山智彦, 藤本透子	スポーツ事情(『カザフスタンを知るための60章』)	明石書店	2015
角崎利夫	カザフスタン: 草原と資源と豊かな歴史の国	早稲田出版	2007

저자	단행본/학술논문	발행지/발행처	연도
斎藤完	ウズベキスタン共和国における伝統文化の保護	研究論叢(山口大学教育学部)	2015
野口信彦	中央アジアの歴史と現在(上), (下)	季刊中国(季刊中国刊行委員会)	2006
星野紘	カザフスタン·ウズベキスタン·モスクワ: 歌と踊りと紀行	文化財月刊第一法規	1996
和崎聖日	ウズベキスタンにおける民族格闘技クラッシュ: 歴史と現在 (アリーナ)	中部大学編 (風媒社)	2016

저자소개

김태영(한국외국어대학교 한국글로벌스포츠건강문화센터 소장)
황의룡(한국외국어대학교 한국글로벌스포츠건강문화센터 책임연구원)
김태양(영산대학교 전통무예진흥연구소)
이명희(공주대학교 역사교육과)
박귀순(영산대학교 동양무예학과)
원유미(대원대학교 운동재활학과)
이택균(한국외국어대학교 미네르바교양대학)
박효주(경희대학교 태권도학과)
임종범(평택대학교 IT공과대학)
김상철(한국외국어대학교 중앙아시아연구소)
윤시내(한국외국어대학교 중앙아시아연구소)
오상호(한국외국어대학교 중앙아시아연구소)
김재민(한국외국어대학교 중앙아시아연구소)
신규섭(한국외국어대학교 페르시아어 · 이란학과)
신양섭(한국외국어대학교 페르시아어 · 이란학과)

실크로드 신체문화교류사
총서 6(카자흐스탄): 전통무예, 무용, 유희

초판발행 2025년 8월 30일

지은이 김태영 · 황의룡 · 김태양 외
펴낸이 안종만 · 안상준

편 집 김용순
기획/마케팅 박부하
표지디자인 이영경
제 작 고철민 · 김원표

펴낸곳 (주) 박영사
서울특별시 금천구 가산디지털2로 53, 210호(가산동, 한라시그마밸리)
등록 1959. 3. 11. 제300-1959-1호(倫)
전 화 02)733-6771
f a x 02)736-4818
e-mail pys@pybook.co.kr
homepage www.pybook.co.kr
ISBN 979-11-303-2318-3 93910

copyright©김태영 · 황의룡 · 김태양 외, 2025, Printed in Korea

* 파본은 구입하신 곳에서 교환해 드립니다. 본서의 무단복제행위를 금합니다.

정 가 15,000원